CONTEÚDO DIGITAL PARA ALUNOS

Cadastre-se e transforme seus estudos em uma experiência única de aprendizado:

1

Entre na página de cadastro:

https://sistemas.editoradobrasil.com.br/cadastro

2

Além dos seus dados pessoais e dos dados de sua escola, adicione ao cadastro o código do aluno, que garantirá a exclusividade do seu ingresso à plataforma.

1503583A9620646

3

Depois, acesse:

https://leb.editoradobrasil.com.br/
e navegue pelos conteúdos digitais de sua coleção **:D**

Lembre-se de que esse código, pessoal e intransferível, é válido por um ano. Guarde-o com cuidado, pois é a única maneira de você acessar os conteúdos da plataforma.

CB037181

Editora
do Brasil

BRINCANDO COM HISTÓRIA E GEOGRAFIA

ORGANIZADORA: EDITORA DO BRASIL

1

ENSINO
FUNDAMENTAL

3ª EDIÇÃO
SÃO PAULO, 2020

Editora do Brasil

Dados Internacionais de Catalogação na Publicação (CIP)
(Câmara Brasileira do Livro, SP, Brasil)

Brincando com história e geografia, 1 : ensino
fundamental / organização Editora do Brasil. --
3. ed. -- São Paulo : Editora do Brasil, 2020. --
(Brincando com)

ISBN 978-85-10-08292-1 (aluno)
ISBN 978-85-10-08293-8 (professor)

1. Geografia (Ensino fundamental) 2. História
(Ensino fundamental) I. Série.

20-37194   CDD-372.89

Índices para catálogo sistemático:

1. História e geografia : Ensino fundamental   372.89

Maria Alice Ferreira - Bibliotecária - CRB-8/7964

Direção-geral: Vicente Tortamano Avanso

Direção editorial: Felipe Ramos Poletti
Gerência editorial: Erika Caldin
Supervisão de arte: Andrea Melo
Supervisão de editoração: Abdonildo José de Lima Santos
Supervisão de revisão: Dora Helena Feres
Supervisão de iconografia: Léo Burgos
Supervisão de digital: Ethel Shuña Queiroz
Supervisão de controle de processos editoriais: Roseli Said
Supervisão de direitos autorais: Marilisa Bertolone Mendes

Supervisão editorial: Júlio Fonseca
Edição: Andressa Pontinha, Guilherme Fioravante e Nathalia C. Folli Simões
Assistência editorial: Manoel Leal de Oliveira
Auxílio editorial: Douglas Bandeira
Especialista em copidesque e revisão: Elaine Cristina da Silva
Copidesque: Giselia Costa, Ricardo Liberal e Sylmara Beletti
Revisão: Amanda Cabral, Andréia Andrade, Fernanda Almeida, Fernanda Sanchez, Flávia Gonçalves, Gabriel Ornelas, Jonathan Busato, Mariana Paixão, Martin Gonçalves e Rosani Andreani
Pesquisa iconográfica: Daniel Andrade e Enio Lopes
Assistência de arte: Daniel Campos Souza
Design gráfico: Cris Viana
Capa: Megalo Design
Edição de arte: Samira de Souza
Imagem de capa: Nicolas Viotto
Ilustrações: Adolar, Alberto Di Stefano, Bruna Assis, Carlos Jorge, Carlos Seribelli, Clarissa França, Cláudio Chyio, Danillo Souza, DKO Estúdio, Dayane Cabral Rave, Desenhorama, Eduardo Belmiro, Edson Farias, Estúdio Mil, Estúdio Kiwi, Estúdio Ornitorrinco, Fabiana Faiallo, Fabiana Fernandes, Fabiana Salomão, Fabio Sgroi, Flávio Mota, Flávio Vargas, Flip Estúdio, George Tutumi, Gutto Paixão, Hélio Senatore, Iberá, Jardiel Amorim, José Wilson Magalhães, Henrique Brum, Ilustra Cartoon, Imaginário Studio, Jefferson Galdino, João P. Mazzoco, Kanton, Kau Bispo, Lápis Mágico, Marcelo Azalim, Marcel Borges, Márcio Castro, Marco Cortez, Marcos Guilherme, Marcos Machado, Moacir Rodrigues / Raitan Ohi, Reinaldo Rosa, Rogério Rios, Ronaldo Barata, Samuel Silva, Saulo Nunes Marques, Simone Matias, Simone Ziasch, Vanessa Alexandre, Victor Tavares, Waldomiro Neto e Wilson Jorge Filho
Produção cartográfica: DAE (Departamento de Arte e Editoração)
Editoração eletrônica: Gilvan Alves da Silva, Sérgio Rocha e Viviane Ayumi Yonamine
Licenciamentos de textos: Cinthya Utiyama, Jennifer Xavier, Paula Harue Tozaki e Renata Garbellini
Controle de processos editoriais: Bruna Alves, Carlos Nunes, Rita Poliane, Terezinha de Fátima Oliveira e Valéria Alves

3ª Edição / 4ª Impressão, 2023
Impresso na Gráfica Elyon

Rua Conselheiro Nébias, 887
São Paulo, SP – CEP: 01203-001
Fone: +55 11 3226-0211
www.editoradobrasil.com.br

APRESENTAÇÃO

QUERIDO ALUNO,

ESTE LIVRO FOI ESCRITO ESPECIALMENTE PARA VOCÊ, PENSANDO EM SEU APRENDIZADO E NAS MUITAS CONQUISTAS QUE VIRÃO EM SEU FUTURO!

ELE SERÁ UM GRANDE APOIO NA BUSCA DO CONHECIMENTO. UTILIZE-O PARA APRENDER CADA VEZ MAIS NA COMPANHIA DE PROFESSORES, COLEGAS E DE OUTRAS PESSOAS DE SUA CONVIVÊNCIA.

AO ESTUDAR HISTÓRIA E GEOGRAFIA, VOCÊ VAI DESCOBRIR COMO NÓS, SERES HUMANOS, CONVIVEMOS E COMO MODIFICAMOS O ESPAÇO AO LONGO DO TEMPO ATÉ CHEGAR À ATUAL FORMA DE ORGANIZAÇÃO. VOCÊ VAI APRENDER A LER O MUNDO!

COM CARINHO,
EDITORA DO BRASIL

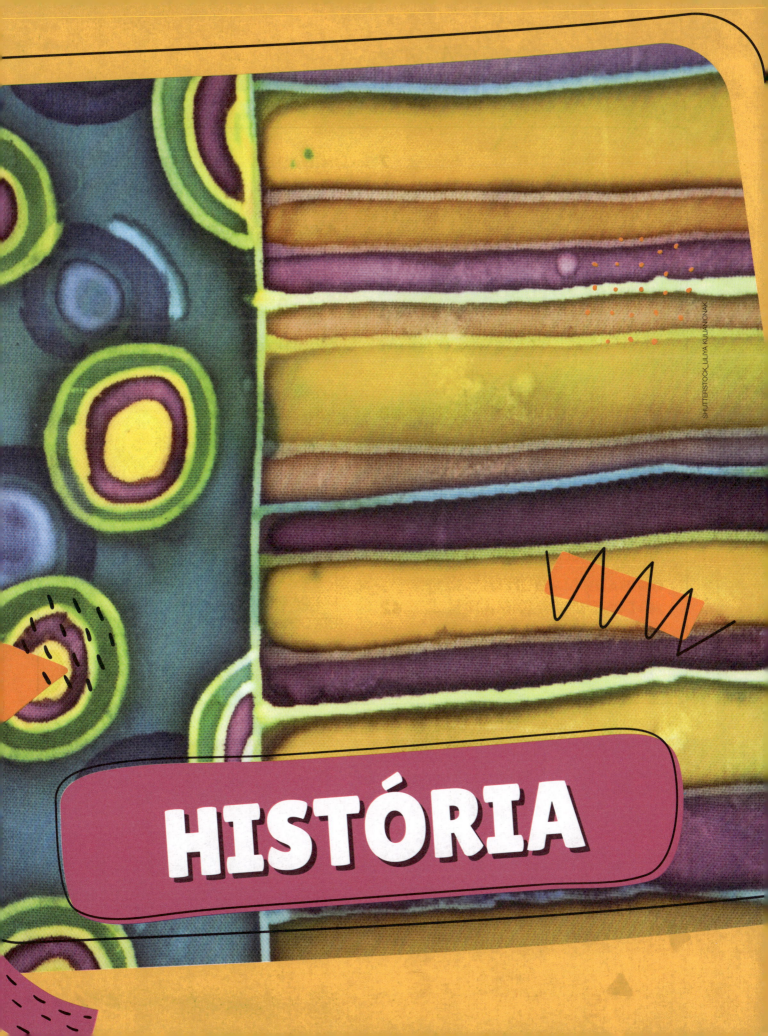

HISTÓRIA

SUMÁRIO

VAMOS BRINCAR

1 VOCÊ GOSTA DE BRINCAR?

☐ SIM.   ☐ NÃO.

2 PREFERE BRINCAR SOZINHO OU COM OS AMIGOS? POR QUÊ? CONTE AOS COLEGAS QUAL É A SUA PREFERÊNCIA.

3 OBSERVE OS BRINQUEDOS E LIGUE CADA UM DELES À SUA SOMBRA.

4 CUBRA O TRACEJADO PARA DESCOBRIR DO QUE AS CRIANÇAS ESTÃO BRINCANDO. DEPOIS, PINTE OS DESENHOS.

LÁPIS MÁGICO

5 MUITOS ARTISTAS JÁ DESENHARAM OU PINTARAM CRIANÇAS BRINCANDO. VOCÊ CONHECE ALGUMA DESSAS OBRAS DE ARTE? QUAL?

LUCIANA MARIANO/ACERVO DA ARTISTA

LUCIANA MARIANO. *O PARQUINHO*, 2013. ACRÍLICO SOBRE TELA CARTONADA, 46 CM × 61 CM.

A) QUAIS DESSAS BRINCADEIRAS VOCÊ CONHECE?

B) VOCÊ JÁ BRINCOU DE ALGUMA DELAS?

C) ALGUMA DESSAS BRINCADEIRAS FAZ PARTE DO SEU DIA A DIA?

D) DE QUAL DELAS VOCÊ GOSTARIA DE BRINCAR?

E) DESENHE A BRINCADEIRA DE QUE VOCÊ MAIS GOSTOU.

6 PINTE COM SUA COR FAVORITA A PRIMEIRA LETRA DE SEU NOME.

A B C D E

F G H I J K

L M N O P

Q R S T U

V W X Y Z

7 PINTE O NÚMERO DE QUADRADOS QUE CORRESPONDE À SUA IDADE.

MINHA IDENTIDADE

APRESENTE-SE PARA A TURMA.

MEU NOME É FÁBIO.

IMAGINÁRIO STUDIO

AO NASCER, RECEBEMOS UM NOME. É PELO NOME QUE SEREMOS APRESENTADOS PARA AS OUTRAS PESSOAS. MESMO QUE ELE SEJA IGUAL AO DE UM CONHECIDO, A HISTÓRIA DE CADA UM DE NÓS NUNCA SERÁ A MESMA.

 **ATIVIDADES**

1 QUAL É SEU NOME?

_____

2 PINTE DE **AZUL** O NOME DO ALUNO DA ILUSTRAÇÃO ACIMA.

3 ESCREVA O NOME DE DOIS DOS SEUS AMIGOS DE SALA DE AULA.

_____

4 ESCREVA O NOME DA SUA PROFESSORA OU DO SEU PROFESSOR.

_____

ALÉM DO NOME, TODAS AS PESSOAS RECEBEM UM SOBRENOME. O SOBRENOME FAZ PARTE DA HISTÓRIA DE CADA FAMÍLIA. ELE É USADO PARA DIFERENCIAR PESSOAS QUE TENHAM O MESMO NOME.

Speech bubbles: ALEXANDRE SANTANA · PAULO YAMADA · BEATRIZ DA SILVA REIS · CAMILA CARVALHO · JOANA FERRAZ DE SOUZA SANTOS

RONALDO BARATA

ALGUMAS CRIANÇAS RECEBEM O SOBRENOME DA MÃE E DO PAI, OUTRAS RECEBEM APENAS O SOBRENOME DE UMA PESSOA DA FAMÍLIA.

ATIVIDADES

1 ESCREVA SEU NOME E SOBRENOME.

_____

_____

2 CIRCULE SEU NOME DE **AZUL** E SEU SOBRENOME DE **VERMELHO**.

3 ESCREVA O NOME COMPLETO DE UM COLEGA DA SALA.

_____

UM NOME PARA CADA PESSOA

NAS FAMÍLIAS, ENCONTRAMOS PESSOAS COM NOMES DIFERENTES.

É POSSÍVEL TAMBÉM ENCONTRAR PESSOAS COM NOMES IGUAIS.

PAULO E LUIZ SÃO PRIMOS, ELES GOSTAM DE BRINCAR JUNTOS.

O NOME DE LAURA FOI ESCOLHIDO PARA HOMENAGEAR SUA AVÓ.

EM SUA FAMÍLIA HÁ MUITOS NOMES DIFERENTES UNS DOS OUTROS? HÁ MUITOS NOMES IGUAIS?

BRINCANDO DE HISTORIADOR

1 VAMOS CONHECER UM POUCO MAIS SOBRE OS NOMES EXISTENTES NA SUA FAMÍLIA?

CONVERSE COM UM ADULTO E PREENCHA A FICHA A SEGUIR.

NOME DO ENTREVISTADO	
NOME DOS PAIS DO ENTREVISTADO	
QUAL É O GRAU DE PARENTESCO ENTRE VOCÊS?	
VOCÊ TEM IRMÃOS? CASO TENHA, QUAL É O NOME DELES?	

ATIVIDADES

1 PREENCHA O QUADRO COM INFORMAÇÕES SOBRE VOCÊ.

NOME	
SOBRENOME	
IDADE	
DATA DE NASCIMENTO	
NOME DA CIDADE ONDE MORA	
NOME DO MELHOR AMIGO	
COR FAVORITA	

2 PINTE SOMENTE AS LETRAS DO ALFABETO QUE SÃO USADAS PARA ESCREVER SEU NOME.

A	B	C	D	E	F	G	H	I	J	K	L	M
N	O	P	Q	R	S	T	U	V	W	X	Y	Z

3 SE VOCÊ PUDESSE ESCOLHER UM DOS SEGUINTES ANIMAIS PARA TER COMO ANIMAL DE ESTIMAÇÃO, QUAL ESCOLHERIA? PINTE SUA OPÇÃO E DEPOIS DÊ UM NOME PARA ELE.

ILUSTRAÇÕES: EDUARDO BELMIRO

COMO EU ME VEJO

TODOS NÓS TEMOS GOSTOS E CARACTERÍSTICAS QUE NOS IDENTIFICAM.

ALGUNS GOSTAM DE BRINCAR DE BOLA, OUTROS PREFEREM BICICLETA, BONECA, *VIDEO GAME* E ATÉ PATINS!

ALGUNS GOSTAM MUITO DE CONVERSAR E CANTAR.

ENQUANTO OUTROS FALAM POUCO, SÃO MAIS TÍMIDOS.

CADA PESSOA TEM PREFERÊNCIAS QUE EXPRESSAM SUA **PERSONALIDADE**.

ILUSTRAÇÕES: JEFFERSON GALDINO

GLOSSÁRIO

PERSONALIDADE: NOSSO TEMPERAMENTO, MODO COMO NOS COMPORTAMOS, CONVIVEMOS E SENTIMOS OS ACONTECIMENTOS.

BRINCANDO

1 OBSERVE-SE NO ESPELHO E COMPLETE O DESENHO COM CARACTERÍSTICAS PARECIDAS COM AS SUAS.

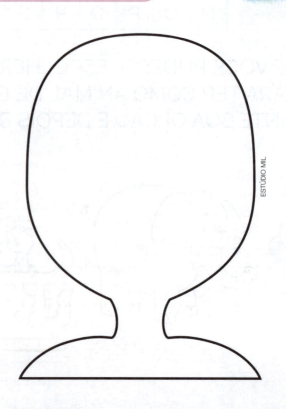

ESTÚDIO MIL

FAMÍLIA E CONVIVÊNCIA

A FAMÍLIA É O PRIMEIRO GRUPO COM QUE CONVIVEMOS. MUITAS DAS COISAS QUE EXPERIMENTAMOS APRENDEMOS COM ELA.

POR EXEMPLO, É COM NOSSA FAMÍLIA QUE APRENDEMOS A COMER ALIMENTOS SAUDÁVEIS.

FAMÍLIA ALMOÇANDO.

É COM A FAMÍLIA QUE APRENDEMOS A CONVIVER DE FORMA AMOROSA E A TER RESPEITO COM TODAS AS PESSOAS.

É COM ELA QUE PASSAREMOS BOA PARTE DE NOSSA VIDA, CONSTRUINDO NOSSA HISTÓRIA.

PAIS E FILHOS LENDO JUNTOS.

 **ATIVIDADES**

1 O QUE VOCÊ GOSTA DE FAZER QUANDO ESTÁ COM SUA FAMÍLIA?

_____

_____

_____

VOCÊ SABE O QUE É SER CRIANÇA?

1 — 1 ANO
2 — 4 ANOS
3 — 7 ANOS
4 — 15 ANOS
5 — 25 ANOS
6 — 45 ANOS
7 — 65 ANOS

ALBERTO DI STEFANO

DURANTE A VIDA, AS PESSOAS PASSAM POR DIFERENTES FASES DE **DESENVOLVIMENTO**. SER CRIANÇA É UMA DESSAS FASES.

NESSE PERÍODO É POSSÍVEL REALIZAR MUITAS ATIVIDADES SOZINHO, COMO SE ALIMENTAR, TOMAR BANHO E BRINCAR, MAS AINDA SÃO NECESSÁRIOS MUITOS CUIDADOS DOS ADULTOS PARA CRESCER COM SAÚDE.

 **GLOSSÁRIO**

DESENVOLVIMENTO: CRESCIMENTO.

 **ATIVIDADES**

1 OBSERVE A ILUSTRAÇÃO DA PÁGINA ANTERIOR. COM BASE NA INFORMAÇÕES, PINTE DE **AZUL** OS QUADRINHOS QUE INDICAM AS FASES QUE VOCÊ JÁ PASSOU E DE **VERDE** A FASE EM QUE VOCÊ ESTÁ AGORA.

BRINCANDO

1 OBSERVE AS IMAGENS E FAÇA O QUE SE PEDE.

 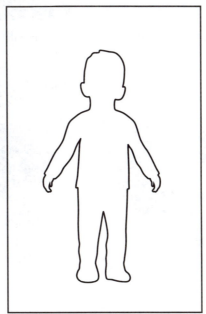 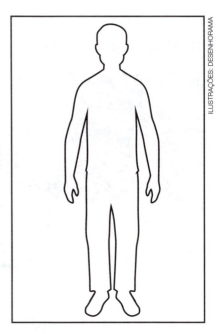

ILUSTRAÇÕES: DESENHORAMA

A) PINTE A IMAGEM QUE REPRESENTA UM BEBÊ.

B) PINTE A IMAGEM QUE REPRESENTA UM ADULTO.

C) DESENHE ALGUMAS DE SUAS CARACTERÍSTICAS NA IMAGEM QUE REPRESENTA UMA CRIANÇA.

2 PROCURE EM REVISTAS E JORNAIS IMAGENS DE PESSOAS NA MESMA FASE DA VIDA EM QUE VOCÊ ESTÁ. DEPOIS, ESCOLHA UMA DELAS E COLE EM UMA FOLHA DE PAPEL.

JEITOS DE SER CRIANÇA

SER CRIANÇA É MUITO MAIS DO QUE TER POUCA IDADE. ALÉM DE SER UMA FASE DO DESENVOLVIMENTO, SER CRIANÇA É PODER VIVER EXPERIÊNCIAS QUE NOS TRAZEM APRENDIZADOS.

CRIANÇAS BRINCANDO EM UMA PISCINA.

PAIS E FILHOS JOGANDO BOLA.

CRIANÇA ESTUDANDO.

CRIANÇA LENDO.

É PODER CONTAR COM AS PESSOAS QUE AMAMOS E CONFIAR NO ADULTO PARA QUE AJUDE A NOS SENTIRMOS BEM E A CRESCERMOS FELIZES.

ATIVIDADES

1 OBSERVE AS IMAGENS ACIMA E CIRCULE COM LÁPIS COLORIDO AS ATIVIDADES QUE FAZEM PARTE DO SEU COTIDIANO.

2 DESENHE NO QUADRO ABAIXO UMA ATIVIDADE QUE VOCÊ GOSTA MUITO DE FAZER.

3 COLE UMA FOTO OU FAÇA UM DESENHO DAS PESSOAS QUE CUIDAM DE VOCÊ.

4 MARQUE UM **X** NAS ATIVIDADES QUE VOCÊ FAZ SOZINHO.

ILUSTRAÇÕES: JOÃO P. MAZZOCO

CUIDADOS E AUTONOMIA

TODA CRIANÇA PRECISA DE CUIDADOS PARA SE DESENVOLVER COM SAÚDE E **AUTONOMIA**.

INICIALMENTE, ESSES CUIDADOS SÃO DADOS PELA FAMÍLIA, QUE, ALÉM DE OFERECER ATENÇÃO, NOS CERCA DE CARINHO.

GLOSSÁRIO

AUTONOMIA: SER UMA PESSOA INDEPENDENTE, QUE CONSEGUE REALIZAR SUAS ATIVIDADES SEM AJUDA.

O ABRAÇO É UMA FORMA DE CARINHO.

PAI FAZENDO COMIDA PARA OS FILHOS.

ATIVIDADES

1 DESENHE, EM UMA FOLHA DE PAPEL, AS PESSOAS QUE MORAM COM VOCÊ.

2 ESCREVA O NOME DAS PESSOAS QUE CUIDAM DE VOCÊ.

_____

_____

_____

3 DE QUAL TIPO DE CUIDADO RECEBIDO POR SUA FAMÍLIA VOCÊ MAIS GOSTA?

_____

_____

OUTRAS PESSOAS TAMBÉM AUXILIAM AS CRIANÇAS EM SUAS NECESSIDADES. POR EXEMPLO, OS PARENTES, OS PROFESSORES E OUTRAS PESSOAS QUE FAZEM PARTE DO CONVÍVIO SOCIAL.

ILUSTRAÇÕES: IMAGINÁRIO STUDIO

ESSAS PESSOAS ESTÃO ATENTAS PARA ENSINAR AS CRIANÇAS A VIVER EM SOCIEDADE, GARANTINDO SEGURANÇA, BEM-ESTAR E APRENDIZAGEM.

 **ATIVIDADES**

1 NA ESCOLA, QUEM SÃO AS PESSOAS QUE CUIDAM DE SEU BEM-ESTAR E DE SUA APRENDIZAGEM?

_____

2 PROCURE NO DIAGRAMA O NOME DE PROFISSÕES QUE AJUDAM NOS CUIDADOS DAS CRIANÇAS.

L	P	O	T	B	N	J	U	M	É	D	I	C	O	P	Ç	M
R	P	S	D	F	G	G	C	O	Z	I	N	H	E	I	R	O
Y	U	I	O	P	R	O	F	E	S	S	O	R	A	K	L	V
Y	U	I	O	M	E	N	F	E	R	M	E	I	R	O	C	B
U	J	K	L	Ç	A	B	A	B	Á	Y	K	A	D	V	B	N

3 CONVERSE COM O PROFESSOR E OS COLEGAS SOBRE A IMPORTÂNCIA DESSES PROFISSIONAIS.

IGUAIS E DIFERENTES!

NENHUMA PESSOA É IGUAL À OUTRA. ALÉM DAS DIFERENÇAS FÍSICAS, EXISTEM AS DIFERENÇAS DE GOSTOS E DE COMPORTAMENTO.

ATÉ MESMO GÊMEOS IDÊNTICOS PODEM SER BASTANTE DIFERENTES ENTRE SI, POIS MUDA A FORMA DE SER E DE PENSAR.

HÁ MENINOS E MENINAS. UNS SÃO MAIS ALTOS E OUTROS, MAIS BAIXOS; UNS TÊM CABELOS CURTOS E OUTROS, CABELOS LONGOS.

IRMÃOS GÊMEOS.

 BRINCANDO

1 PINTE OS PONTOS E DESCUBRA DO QUE AS CRIANÇAS ESTÃO BRINCANDO.

A) ELES ESTÃO BRINCANDO DE _____.

B) REPARE NAS CRIANÇAS DA ILUSTRAÇÃO. ELAS SÃO IGUAIS OU DIFERENTES? _____.

ATIVIDADES

1 ESCOLHA UM COLEGA DE TURMA. JUNTOS, FAÇAM A ATIVIDADE A SEGUIR.

A) QUAL É O NOME DE SEU COLEGA?

_____

B) PREENCHAM O QUADRO COM AS PREFERÊNCIAS DE CADA UM.

	VOCÊ	COLEGA
BRINCADEIRA		
MÚSICA		
ALIMENTO		
COR		
TIME DE FUTEBOL		
PROGRAMA FAVORITO NA TELEVISÃO		

C) PINTE DE **AZUL** OS QUADRADINHOS QUE INDICAM A QUANTIDADE DE RESPOSTAS DIFERENTES E DE **VERMELHO** A QUANTIDADE DE RESPOSTAS IGUAIS.

RESPOSTAS DIFERENTES.

RESPOSTAS IGUAIS.

2 LEIA A HISTÓRIA DE MARCELO. DEPOIS, RESPONDA ÀS PERGUNTAS.

MARCELO SE SENTIA MUITO AMADO PELO AVÔ JOAQUIM E PELAS DUAS AVÓS, ELOÍNA E ODILA.

[...]

VÓ ODILA TINHA O DELICIOSO **HÁBITO** DE AFUNDAR SEUS DEDOS NOS CABELOS DE MARCELO E MASSAGEAR A CABEÇA DO NETO.

ILUSTRAÇÕES: VISTOR TAVARES

JÁ A VÓ ELOÍNA GOSTAVA MESMO É DE FAZER CÓCEGAS NA BARRIGA DE MARCELO.

E O VÔ JOAQUIM, QUE COM SUA ALTURA, MAIS LEMBRAVA UM JOGADOR DE BASQUETE, FALAVA COM CALMA E ENORME CARINHO.

CADA UM COM SEU JEITO DE AMAR.

[...]

JONAS RIBEIRO. *UMA ILHA A MIL MILHAS DAQUI.* SÃO PAULO: EDITORA DO BRASIL, 2018. P. 6, 8 E 9.

GLOSSÁRIO

HÁBITO: NOSSO COSTUME E GOSTO PESSOAL.

A) DE ACORDO COM O TEXTO, TODAS AS PESSOAS DEMONSTRAM AMOR DA MESMA FORMA?

☐ SIM.   ☐ NÃO.

B) PENSANDO NOS AVÓS DE MARCELO, QUAIS DELES MAIS LEMBRAM PESSOAS DA SUA FAMÍLIA?

☐ AVÔ JOAQUIM.   ☐ AVÓ ELOÍNA.   ☐ AVÓ ODILA.

C) DE QUE FAMILIARES SEUS ELES LEMBRAM?

_____

_____

_____

 **SAIBA MAIS**

BRINCADEIRAS DE ONTEM E DE HOJE

VOCÊ SABIA QUE MUITAS BRINCADEIRAS DE QUE VOCÊ GOSTA TAMBÉM FIZERAM PARTE DA INFÂNCIA DE SEUS PAIS E DE SEUS AVÓS?

ISSO SIGNIFICA QUE ELAS FAZEM PARTE DA CULTURA DE UM POVO E SÃO PASSADAS DE GERAÇÃO PARA GERAÇÃO.

CONVERSE COM SUA FAMÍLIA E PERGUNTE A TRÊS PESSOAS DE DIFERENTES IDADES QUAIS ERAM AS BRINCADEIRAS QUE FAZIAM QUANDO ERAM CRIANÇAS.

VOCÊ PODE SE SURPREENDER!

CRIANÇAS BRINCANDO DE BOLA, EM 1963.

FOLHAPRESS

ESSA É A MINHA HISTÓRIA

RAITAN OHI

DESDE QUE NASCEMOS, PASSAMOS POR MUITAS MUDANÇAS. POR EXEMPLO, O BEBÊ TEM COMO PRINCIPAL FONTE DE ALIMENTO O LEITE MATERNO. CONFORME VAI CRESCENDO, DESCOBRE OUTROS ALIMENTOS QUE FARÃO PARTE DE SUA VIDA, GOSTANDO MAIS DE UNS DO QUE DE OUTROS.

O MESMO SE PASSA COM TODOS OS NOSSOS HÁBITOS E NOSSAS BRINCADEIRAS.

CONFORME A CRIANÇA CRESCE, ELA DESCOBRE BRINCADEIRAS NOVAS E MAIS DESAFIADORAS QUE FARÃO PARTE DE SUA ROTINA.

AS ROUPAS QUE USAMOS TAMBÉM FAZEM PARTE DE NOSSA HISTÓRIA E GOSTOS PESSOAIS.

CRIANÇA ESCOLHENDO ROUPA.

CRIANÇA COMPRANDO TÊNIS.

PARA CADA IDADE, ROUPAS E CALÇADOS ESTÃO RELACIONADOS A COMO GOSTAMOS DE NOS VESTIR PARA NOS SENTIRMOS BEM.

ESSAS ESCOLHAS MOSTRAM UM POUCO DA NOSSA PERSONALIDADE.

CADA PESSOA CRESCE E SE DESENVOLVE DE UMA FORMA. ASSIM COMO AS CARACTERÍSTICAS FÍSICAS, OS GOSTOS PESSOAIS PODEM SER BEM DIFERENTES UNS DOS OUTROS.

AS PESSOAS TÊM CARACTERÍSTICAS DIFERENTES.

ALGUMAS GOSTAM MUITO DE LER, ENQUANTO OUTRAS PREFEREM DESENHAR.

CADA PESSOA É ÚNICA!

ENQUANTO UM MENINO ESTÁ LENDO O OUTRO ESTÁ PINTANDO.

BRINCANDO DE HISTORIADOR

1 VAMOS RELEMBRAR UM POUCO DE SUAS EXPERIÊNCIAS QUANDO ERA BEBÊ?

TRAGA PARA A SALA DE AULA UMA FOTOGRAFIA SUA DESSA ÉPOCA PARA MOSTRAR AOS COLEGAS.

2 SENTADOS EM UM GRANDE CÍRCULO, OBSERVE TODAS AS FOTOGRAFIAS E ENCONTRE SEMELHANÇAS E DIFERENÇAS ENTRE AS ROUPAS UTILIZADAS POR VOCÊ E ELES.

A) SEMELHANÇAS: _____

_____

B) DIFERENÇAS: _____

_____

3 EM CASA, PERGUNTE PARA UM ADULTO QUAL ERA SEU ALIMENTO PREFERIDO QUANDO ERA BEBÊ. REGISTRE ABAIXO.

_____

4 QUAL É SEU ALIMENTO PREFERIDO ATUALMENTE?

_____

5 QUAL ERA SUA BRINCADEIRA PREFERIDA QUANDO ERA BEBÊ?

_____

6 QUAL É SUA BRINCADEIRA PREFERIDA ATUALMENTE?

_____

ESSA É A MINHA FAMÍLIA!

CADA FAMÍLIA TEM SUAS PRÓPRIAS CARACTERÍSTICAS. ALGUMAS SE ORGANIZAM PARA QUE TODOS AJUDEM NAS TAREFAS DE CASA. EM OUTRAS, APENAS OS ADULTOS FAZEM AS TAREFAS DOMÉSTICAS.

ALGUMAS FAMÍLIAS SÃO NUMEROSAS, OUTRAS SÃO FORMADAS POR POUCAS PESSOAS.

NO ENTANTO, SEJA COMO FOR NOSSA FAMÍLIA, CADA PESSOA É MUITO IMPORTANTE PARA NOS ENSINAR A VIVER EM SOCIEDADE.

MÃE ENSINANDO FILHO A CUIDAR DA HORTA.

ATIVIDADES

1 SUA FAMÍLIA É GRANDE OU PEQUENA?

☐ GRANDE.   ☐ PEQUENA.

2 PINTE A QUANTIDADE DE QUADRINHOS QUE INDICAM QUANTOS FAMILIARES MORAM COM VOCÊ.

3 FAÇA UM DESENHO QUE REPRESENTE ALGO QUE VOCÊ APRENDEU COM ALGUÉM DE SUA FAMÍLIA.

A FAMÍLIA E SUAS RESPONSABILIDADES

TODAS AS PESSOAS DA FAMÍLIA ESTÃO COMPROMETIDAS COM O DESENVOLVIMENTO DAS CRIANÇAS.

POR EXEMPLO, É **FUNÇÃO** DA FAMÍLIA PREPARAR A ALIMENTAÇÃO, ORGANIZAR E HIGIENIZAR AS ROUPAS, AJUDAR COM AS LIÇÕES DE CASA E CUIDAR PARA QUE AS CRIANÇAS SE DESENVOLVAM COM SAÚDE E ALEGRIA.

SIMONE ZIASCH

GLOSSÁRIO

FUNÇÃO: OBRIGAÇÃO, RESPONSABILIDADE.

ATIVIDADES

1 COMPLETE AS PALAVRAS QUE REPRESENTAM ALGUMAS DAS RESPONSABILIDADES DA FAMÍLIA.

A) PR___T___ÇÃ___

B) AL___M___NT___ÇÃO

C) CA___INH___

D) CUI___ ___DOS

E) HI___ ___EN___

F) SEG___RANÇ___

1 OBSERVE O QUADRO E FAÇA O QUE SE PEDE.

A) NOMEIE CADA UM DOS SENTIMENTOS REPRESENTADOS.

B) NA COLUNA **A** DESENHE O QUE SUA FAMÍLIA FAZ QUE DESPERTA EM VOCÊ ESSES SENTIMENTOS.

C) NA COLUNA **B** DESENHE O QUE VOCÊ FAZ QUE DESPERTA EM SUA FAMÍLIA ESSES SENTIMENTOS.

ILUSTRAÇÕES: JOÃO P. MAZZOCO

	A	B
😄 _____		
🙁 _____		
😮 _____		
😁 _____		
😠 _____		
😍 _____		

A COMUNIDADE E SUAS RESPONSABILIDADES

TODA CRIANÇA CONVIVE COM PESSOAS QUE NÃO FAZEM PARTE DE SUA FAMÍLIA.

EM GERAL, SÃO AS PESSOAS QUE FREQUENTAM OS MESMOS AMBIENTES QUE ELA, COMO ESCOLAS, CLUBES, ESPAÇOS RELIGIOSOS, PARQUES, ENTRE OUTROS ESPAÇOS DE CONVÍVIO SOCIAL.

ALUNOS E PROFESSORES FAZEM PARTE DA COMUNIDADE ESCOLAR.

ADULTOS E CRIANÇAS PARTICIPANDO DA COMUNIDADE RELIGIOSA.

A ESSE GRUPO DE PESSOAS COM O QUAL CONVIVEMOS E COMPARTILHAMOS ESPAÇOS E ATIVIDADES CHAMAMOS DE COMUNIDADE.

EM UMA COMUNIDADE, TODOS OS ADULTOS SÃO RESPONSÁVEIS PELOS CUIDADOS COM AS CRIANÇAS.

ATIVIDADES

1 ESCOLHA UM ADULTO COM QUEM VOCÊ CONVIVA, MAS QUE NÃO FAÇA PARTE DE SUA FAMÍLIA, E COMPLETE O QUADRO A SEGUIR COM INFORMAÇÕES SOBRE ELE.

NOME	
IDADE	
LOCAL ONDE VOCÊS CONVIVEM	
CUIDADOS QUE ESSA PESSOA TEM COM VOCÊ	

DIFERENTES JEITOS DE APRENDER

AS CRIANÇAS INDÍGENAS APRENDEM ATIVIDADES DO DIA A DIA OBSERVANDO AS PESSOAS MAIS VELHAS DE SUA COMUNIDADE.

A APRENDIZAGEM ACONTECE DURANTE A COLHEITA, A CAÇA, A PESCA E EM MOMENTOS ESPECIAIS, COMO FESTAS E RITUAIS.

MULHER E CRIANÇAS INDÍGENAS DA ETNIA WAUJA PREPARANDO MANDIOCA. GAÚCHA DO NORTE, MATO GROSSO, 2019.

CRIANÇAS INDÍGENAS PARTICIPANDO DA DANÇA DO PARIXARA. NORMANDIA, RORAIMA, 2019.

É PARA VIVENCIAR ESSAS EXPERIÊNCIAS E APRENDER QUE AS CRIANÇAS PASSAM UMA PARTE DE SEU TEMPO CONVIVENDO COM OS ADULTOS.

É COMPARTILHANDO E REALIZANDO ATIVIDADES DE SOBREVIVÊNCIA QUE OS INDÍGENAS APRENDEM A RESPEITAR O GRUPO AO QUAL PERTENCEM E A NATUREZA.

1 SEGUNDO O TEXTO, QUAIS ATIVIDADES AS CRIANÇAS INDÍGENAS APRENDEM COM OS ADULTOS?

2 QUE ATIVIDADE VOCÊ COSTUMA REALIZAR COM UM ADULTO?

3 O QUE VOCÊ GOSTARIA DE APRENDER COM UM ADULTO?

VOCÊ JÁ PERCEBEU QUE AS FAMÍLIAS NÃO SÃO TODAS IGUAIS.

SIMONE MATIAS

ALÉM DOS PAIS E DOS FILHOS, OUTRAS PESSOAS FAZEM PARTE DA FAMÍLIA, COMO OS BISAVÓS, AVÓS, TIOS E PRIMOS. É O QUE CHAMAMOS DE FAMÍLIA ESTENDIDA.

ESSAS PESSOAS PODEM MORAR NA MESMA CASA OU EM CASAS DIFERENTES. A ESCOLHA DEPENDE DA CULTURA E DA NECESSIDADE DE CADA FAMÍLIA.

 **ATIVIDADES**

1 VOCÊ JÁ FEZ UM PASSEIO COMO ESSE COM SUA FAMÍLIA? CONTE AOS COLEGAS COMO FOI ESSA EXPERIÊNCIA.

2 QUANTAS FORMAS DE SER FAMÍLIA VOCÊ IDENTIFICA NA ILUSTRAÇÃO DA PÁGINA 36?

_____

3 OBSERVE AS FOTOGRAFIAS E CIRCULE O QUE ELAS REPRESENTAM.

AMOR   CUIDADO   PREOCUPAÇÃO
GENTILEZA   COOPERAÇÃO   COMPARTILHAMENTO
ORGANIZAÇÃO   RESPEITO   AMIZADE

4 DESENHE UM FAMILIAR COM QUEM VOCÊ GOSTA DE PASSAR O TEMPO BRINCANDO OU EM ALGUMA ATIVIDADE PRAZEROSA.

ENQUANTO VOCÊ NÃO CHEGA

[...]

PRIMEIRO DEIXA EU FALAR UM POUCO DA NOSSA MÃE.

ELA É LINDA. VOCÊ VAI VER. É ENGRAÇADA, CARINHOSA E SEMPRE POR PERTO.

[...]

LEMBRA QUE EU FALEI DO NOSSO AVÔ? POIS É, ELE É UM CARA LEGAL.

ELE TEM UMA CABELEIRA BRANCA, UM BIGODÃO ENORME. [...]

[...]

NOSSA AVÓ TAMBÉM É LEGAL.

ELA É UMA MULHER ALTA E FORTE.

TEM CARA DE BRABA, MAS SE DERRETE POR QUALQUER COISINHA.

[...]

NÓS TAMBÉM TEMOS DOIS TIOS.

ELES VIVEM IMPLICANDO UM COM O OUTRO.

POR CAUSA DE FUTEBOL.

[...]

NOSSAS TIAS SÃO BACANAS TAMBÉM.

FALAM UM POUCO DEMAIS E TÊM O COSTUME DE APERTAR E DAR BEIJO, MAS FORA ISSO SÃO BEM LEGAIS.

[...]

EU?

BOM, EU SOU SEU IRMÃO.

O IRMÃO MAIS VELHO.

POR ISSO PODE SEMPRE CONTAR COMIGO, OUVIU? [...]

LUÍS DILL. *ENQUANTO VOCÊ NÃO CHEGA*. SÃO PAULO: EDITORA DO BRASIL, 2019. P. 7, 11, 13, 15, 17 E 20.

ATIVIDADES

1 DAS PESSOAS MENCIONADAS NO TEXTO, QUAIS FAZEM PARTE DE SUA FAMÍLIA?

_____

_____

_____

2 VOCÊ COSTUMA VISITAR OS PARENTES? QUAIS DELES? MARQUE COM UM **X**.

AVÓS	BISAVÓS	TIOS	PRIMOS
IRMÃOS	PAI	MÃE	SOBRINHOS

A ÁRVORE GENEALÓGICA

A ÁRVORE GENEALÓGICA É UMA FORMA DE ORGANIZAR E MOSTRAR A LIGAÇÃO ENTRE AS PESSOAS DA MESMA FAMÍLIA.

VEJA A ÁRVORE GENEALÓGICA DA FAMÍLIA DE AMANDA E TIAGO.

ELES SÃO IRMÃOS, FILHOS DE ÉRICA E MARCOS.

PAULO E ÂNGELA SÃO OS **AVÓS MATERNOS**.

JOSÉ E VERA SÃO OS **AVÓS PATERNOS**.

DANILLO SOUZA

ATIVIDADES

1 OBSERVE NOVAMENTE A ÁRVORE GENEALÓGICA DE AMANDA E TIAGO. DEPOIS, COMPLETE AS FRASES A SEGUIR.

A) AMANDA E TIAGO SÃO _____.

B) VERA E JOSÉ SÃO _____ DE MARCOS.

C) PAULO E JOSÉ SÃO _____ DE AMANDA E TIAGO.

BRINCANDO DE HISTORIADOR

1 VAMOS CONHECER UM POUCO MELHOR A ORIGEM DE SUA FAMÍLIA? CONVERSE COM UM ADULTO QUE CONHEÇA SUA HISTÓRIA DE VIDA E PREENCHA SUA ÁRVORE GENEALÓGICA.

CLARISSA FRANÇA

A) VOCÊ CONHECE TODAS AS PESSOAS REPRESENTADAS NA SUA ÁRVORE?

B) QUANTAS DESSAS PESSOAS MORAM COM VOCÊ?

MUITOS JEITOS DE SER FAMÍLIA

VAMOS CONHECER ALGUMAS CRIANÇAS E SUAS FAMÍLIAS.

OI! EU SOU PAULA. MORO COM MINHA MÃE E MINHA AVÓ.

EU SOU JÚLIO. MORO COM MINHA IRMÃ E MEUS PAIS.

MEU NOME É VÍTOR. MORO COM MINHA PRIMA E MEUS TIOS.

OLÁ, MEU NOME É BIA. MORO COM MEU PAI E MEU TIO.

1

2

3

4

ILUSTRAÇÕES: DANILLO SOUZA

ATIVIDADES

1 QUAL DESSAS FAMÍLIAS SE PARECE COM A SUA?

1 ☐ 2 ☐ 3 ☐ 4 ☐

ALGUMAS CRIANÇAS TÊM DUAS CASAS.

LUCAS, POR EXEMPLO, MORA COM O PAI, MAURÍCIO, E OS AVÓS.

ANA, MÃE DE LUCAS, FORMOU UMA NOVA FAMÍLIA E MORA EM OUTRA CASA. MAS LUCAS PASSA MUITOS FINS DE SEMANA COM SUA MÃE.

E VOCÊ, MORA COM SEUS PAIS?

ATIVIDADES

1 ASSINALE UM **X** NAS IMAGENS DE FAMÍLIAS QUE VOCÊ CONHECE.

ENCONTROS FAMILIARES

HÁ FAMÍLIAS QUE TÊM A OPORTUNIDADE DE SE REUNIR COM FREQUÊNCIA.

EM OUTRAS, AS PESSOAS VIVEM DISTANTES, ATÉ EM PAÍSES DIFERENTES, MAS ISSO NÃO MUDA O AMOR QUE SENTEM UMAS PELAS OUTRAS.

ANDRESSA E ROGÉRIO MORAM COM OS AVÓS, MAS TODO FIM DE SEMANA ENCONTRAM OS TIOS E PRIMOS.

YURI E YUNA NASCERAM EM OUTRO PAÍS. ELES MORAM COM OS PAIS E SÓ VISITAM OS PARENTES NAS FÉRIAS.

LETÍCIA MORA EM UM SÍTIO COM SEUS PAIS. SEMPRE QUE POSSÍVEL, ELA VAI À CASA DE SEUS AVÓS, QUE MORAM PERTO DA PRAIA.

A FAMÍLIA DE FÁBIO É PEQUENA. ELE MORA COM SUA MÃE E SUA IRMÃ, MAS TODOS OS DIAS ALMOÇA COM SEU TIO E SUA AVÓ.

ATIVIDADES

1 OBSERVE AS FOTOGRAFIAS E AS LEGENDAS DA PÁGINA ANTERIOR E RESPONDA ÀS QUESTÕES.

A) A FAMÍLIA DE FÁBIO É PEQUENA. COM QUEM ELE MORA?

_____

B) POR QUE YURI E YUNA NÃO VEEM COM FREQUÊNCIA SEUS PARENTES?

_____

2 VOCÊ COSTUMA ENCONTRAR PARENTES QUE NÃO MORAM COM VOCÊ? EM QUE MOMENTOS ISSO ACONTECE?

_____

_____

3 DESENHE O QUE VOCÊ COSTUMA FAZER QUANDO ENCONTRA PARENTES QUE NÃO MORAM COM VOCÊ.

NOVAS FORMAS DE SER FAMÍLIA

ALGUMAS CRIANÇAS NÃO MORAM COM OS PARENTES; ELAS SÃO CRIADAS EM ORFANATOS QUE CUIDAM DE CRIANÇAS **ÓRFÃS**.

GLOSSÁRIO

ÓRFÃO: PESSOA QUE NÃO TEM O PAI, A MÃE OU NENHUM DOS DOIS.

ESSAS CRIANÇAS MORAM EM UM ORFANATO.

NO ORFANATO, AS CRIANÇAS CONVIVEM UMAS COM AS OUTRAS E SÃO CUIDADAS PELAS PESSOAS QUE TRABALHAM LÁ.

ESSAS CRIANÇAS FREQUENTAM A ESCOLA, BRINCAM E AJUDAM NA ORGANIZAÇÃO DO LUGAR EM QUE MORAM.

ALGUMAS PODEM TER A OPORTUNIDADE DE SER ADOTADAS POR ADULTOS QUE DESEJAM SER SEUS PAIS.

GABRIELA E FERNANDO ADOTARAM BETÂNIA.

ATIVIDADES

1 LEIA O QUADRINHO A SEGUIR E RESPONDA ÀS QUESTÕES.

FLÁVIO MOTA

A) QUAL É O NOME DA CRIANÇA ADOTADA?

_____

B) PINTE A QUANTIDADE DE QUADRADINHOS QUE MOSTRAM QUANTAS PESSOAS FORMAM A FAMÍLIA AGORA.

2 COMPLETE AS FRASES USANDO AS PALAVRAS DO QUADRO.

> MÃE   ORFANATO   IRMÃO   PAI

A) JULIANA MORAVA NO _____, MAS AGORA VIVE COM SUA NOVA FAMÍLIA.

B) EM SUA NOVA CASA, JULIANA VIVE COM ANDRÉ, QUE É SEU _____, MARINA, QUE É SUA _____, E RENATO,

QUE É SEU _____.

LEIA O TEXTO A SEGUIR.

A ÁRVORE CONTENTE

    – HOJE CONTINUAREMOS O PROJETO SOBRE A FAMÍLIA COM UMA ÁRVORE GENEALÓGICA. – A PROFESSORA SÍLVIA FALOU PARA A CLASSE.

    [...]

    AS CRIANÇAS ENTÃO COMEÇARAM A DESENHAR SUAS ÁRVORES: ELAS NO CENTRO, OS IRMÃOS AO LADO – QUEM TIVESSE, CLARO –, OS PAIS E OS TIOS ACIMA. E OS AVÓS NOS GALHOS SUPERIORES.

    [...]

    MÔNICA NÃO CONHECEU OS PAIS. DECIDIU COMEÇAR COM SEU NOME NO MEIO. ELA MORA COM OS AVÓS, QUE DESENHOU ACIMA COM AS LEGENDAS: "AVÔ QUE AMA" E "AVÓ QUE CUIDA BEM". [...]

TELMA GUIMARÃES CASTRO ANDRADE. *A ÁRVORE CONTENTE.* SÃO PAULO: EDITORA DO BRASIL, 2013. P. 2, 4 E 8.

1 A FAMÍLIA DE MÔNICA É FORMADA POR QUEM?

_____

_____

2 COMO MÔNICA SE SENTE EM RELAÇÃO AOS AVÓS?

_____

_____

FAMÍLIA MASSAI

ENTRE OS PAÍSES QUÊNIA E TANZÂNIA, VIVE UM GRUPO DE PESSOAS CHAMADOS MASSAI.

NAS FAMÍLIAS MASSAI, CADA PESSOA TEM UMA TAREFA A CUMPRIR. OS PAIS CUIDAM DO GADO, AS MÃES CONSERTAM A CASA E CUIDAM DOS FILHOS PEQUENOS. AS CRIANÇAS SÃO EDUCADAS PELOS MAIS VELHOS. OS MASSAI FALAM A LÍNGUA MAA, MAS APRENDEM TAMBÉM SUAÍLI E INGLÊS, QUE SÃO LÍNGUAS OFICIAIS DO QUÊNIA E DA TANZÂNIA.

FABIANA FERNANDES

OS MASSAI VIVEM EM CABANAS FEITAS DE MADEIRA E BARRO. NA HORA DAS REFEIÇÕES ELES COSTUMAM COMER BASTANTE CARNE E BEBER LEITE DE VACAS E CABRAS.

1 EXPLIQUE À TURMA AS DIFERENÇAS QUE VOCÊ IDENTIFICOU ENTRE O MODO DE SUA FAMÍLIA VIVER E O MODO QUE AS FAMÍLIAS MASSAI VIVEM.

2 RESPONDA ÀS PERGUNTAS NO CADERNO E COMPARE SUAS RESPOSTAS COM AS DE UM COLEGA.

- NOME:
- COM QUANTAS PESSOAS VOCÊ MORA?
- TEM ANIMAIS DE ESTIMAÇÃO?
- QUEM AJUDA NAS TAREFAS DE CASA?
- QUEM PREPARA AS REFEIÇÕES?

AS CRIANÇAS E A SOCIEDADE

O MUNDO É CHEIO DE CRIANÇAS! E TODAS ELAS FAZEM PARTE DE UMA **CULTURA**, OU SEJA, UM CONJUNTO DE NORMAS, COMBINADOS, GOSTOS, PERMISSÕES, **TRADIÇÕES**, HÁBITOS E COSTUMES.

PENSANDO NISSO, SERÁ QUE TODAS AS CRIANÇAS SE COMPORTAM E BRINCAM COMO VOCÊ?

SERÁ QUE SEUS PAIS E AVÓS BRINCAVAM DA MESMA FORMA COMO VOCÊ BRINCA AGORA?

MUITAS BRINCADEIRAS DE HOJE JÁ FAZIAM PARTE DA VIDA DAS CRIANÇAS DE ANTIGAMENTE. ISSO OCORRE PORQUE AS BRINCADEIRAS SÃO PASSADAS DE PAIS PARA FILHOS.

HÁ TAMBÉM AS BRINCADEIRAS QUE SURGIRAM COM AS NOVAS TECNOLOGIAS.

BRUNA ASSIS BRASIL

 **GLOSSÁRIO**

TRADIÇÃO: SÃO AS NOSSAS PRÁTICAS, HISTÓRIA E CRENÇAS.

1 QUAIS BRINCADEIRAS E BRINQUEDOS VOCÊ VÊ NA IMAGEM DA PÁGINA ANTERIOR?

CRIANÇAS NO BRASIL E NO MUNDO

CHAMAMOS DE INDÍGENAS AS PRIMEIRAS POPULAÇÕES A VIVER NO BRASIL. É COMUM TAMBÉM CHAMÁ-LOS DE **POVOS ORIGINÁRIOS**.

NO BRASIL HÁ MUITOS POVOS INDÍGENAS.

MOACIR É UM INDÍGENA BRASILEIRO DO POVO TEMBÉ.

ELE VIVE NA FLORESTA AMAZÔNICA.

MEU NOME É MOACIR TEMBÉ. GOSTO DE VIVER NA FLORESTA, POIS AQUI POSSO IR À ESCOLA E DEPOIS BRINCAR NO RIO.

ILUSTRAÇÕES: FABIANA FERNANDES

MEU NOME É MIGUEL PANTI. GOSTO DE ANDAR DE BICICLETA COM MINHA IRMÃ E DE BRINCAR DE BOLA COM MEUS AMIGOS.

EM OUTROS PAÍSES TAMBÉM HÁ POVOS INDÍGENAS.

MIGUEL É UM INDÍGENA BOLIVIANO DO POVO AIMARÁ. ELE VIVE NUMA REGIÃO MONTANHOSA CHAMADA CORDILHEIRA DOS ANDES.

MEU NOME É NATÁLIA ZOFIA.
GOSTO DE BRINCAR DE CARRINHO E DE CASINHA COM MEU IRMÃO.

MUITAS CRIANÇAS NO BRASIL SÃO PARENTES DE PESSOAS QUE VIERAM DE OUTROS PAÍSES.

NATÁLIA É NETA DE POLONESES. ELA VIVE NO PARANÁ E JÁ APRENDEU PALAVRAS NA LÍNGUA DE SEUS AVÓS.

A POLÔNIA É UM PAÍS ONDE HÁ MUITAS FAZENDAS E PODE FAZER MUITO FRIO.

ARTUR É POLONÊS. ELE TEM SETE ANOS E VIVE NUMA FAZENDA DE CRIAÇÃO DE VACAS E PLANTAÇÃO DE TOMATES.

MEU NOME É ARTUR SOBERA.
GOSTO DE BRINCAR NA NEVE DURANTE O DIA E DE TOMAR SOPA DE LEGUMES PARA ESQUENTAR À NOITE.

ILUSTRAÇÕES: FABIANA FERNANDES

ATIVIDADES

1 AGORA QUE VOCÊ CONHECEU CRIANÇAS DE DIFERENTES LUGARES, RESPONDA ÀS PERGUNTAS NO CADERNO.

A) QUE SEMELHANÇAS EXISTEM ENTRE ELAS?

B) QUAIS DIFERENÇAS ENTRE ELAS VOCÊ OBSERVOU?

C) QUE SEMELHANÇAS VOCÊ ENCONTROU ENTRE A VIDA DELAS E A SUA?

2 QUAL É A SUA BRINCADEIRA FAVORITA?

_____

3 EM CASA, LEIA PARA UM ADULTO O NOME DAS BRINCADEIRAS ABAIXO E PERGUNTE QUAIS FIZERAM PARTE DA INFÂNCIA DELE.

☐ AMARELINHA   ☐ BOLA

☐ ELÁSTICO   ☐ PEGA-PEGA

☐ BAFO   ☐ BICICLETA

☐ PETECA   ☐ _VIDEO GAME_

☐ CINCO MARIAS   ☐ CORDA

☐ ESCONDE-ESCONDE   ☐ MÃE DA RUA

4 COM QUAL BRINCADEIRA VOCÊ GOSTARIA DE BRINCAR COM OS COLEGAS?

_____

5 OBSERVE AS IMAGENS E RESPONDA ORALMENTE:

A) DO QUE AS CRIANÇAS ESTÃO BRINCANDO?

JOÃO URBAN/OLHAR IMAGEM

MONKEYBUSINESSIMAGES/ ISTOCKPHOTO.COM

B) VOCÊ COSTUMA BRINCAR DE ALGUMA DESSAS BRINCADEIRAS?

C) EM SUA OPINIÃO, QUAL É A MAIS DIVERTIDA? EXPLIQUE.

AS BRINCADEIRAS NO TEMPO E NA HISTÓRIA

ANTIGAMENTE ERA COMUM QUE AS CRIANÇAS BRINCASSEM NAS RUAS COM CORDAS, PIPAS E PEDRINHAS.

COM O PASSAR DO TEMPO, DIVERSOS BRINQUEDOS E BRINCADEIRAS DEIXARAM DE EXISTIR, MAS MUITOS SÃO COMUNS AINDA HOJE.

BRINCADEIRAS QUE FIZERAM HISTÓRIA!

CRIANÇAS BRINCANDO DE PULAR CORDA.

CRIANÇAS EMPINANDO PIPA NA RUA.

 **ATIVIDADES**

1 PINTE AS ILUSTRAÇÕES DOS BRINQUEDOS COM OS QUAIS VOCÊ JÁ BRINCOU.

ILUSTRAÇÕES: ROGÉRIO RIOS

1 DIVERSAS BRINCADEIRAS QUE CONHECEMOS SÃO ORIGINÁRIAS DE OUTROS PAÍSES. PINTE OS PONTOS PARA DESCOBRIR UMA QUE TEM ORIGEM EM PORTUGAL.

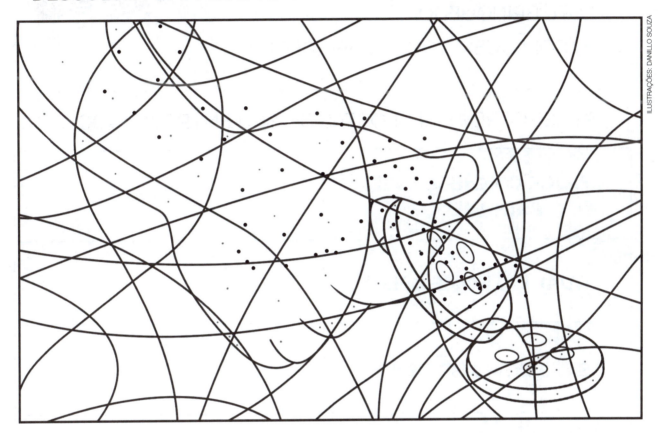

ILUSTRAÇÕES: DANILLO SOUZA

2 TROQUE AS FIGURAS DE ANIMAIS PELA PRIMEIRA LETRA DE CADA UM DELES E DESCUBRA O NOME DE DUAS BRINCADEIRAS DE RODA.

_____   _____

_____   _____

55

1 CONVERSE COM ADULTOS QUE VOCÊ CONHECE E DESCUBRA SE ALGUM DELES CONHECE ESTE BRINQUEDO.

ROBERT GEBBIE PHOTOGRAPHY/ SHUTTERSTOCK.COM

A) COM QUEM VOCÊ CONVERSOU?

_____

B) REGISTRE AS RESPOSTAS DO SEU ENTREVISTADO.

VOCÊ CONHECE ESSE BRINQUEDO?	
QUAL É O NOME DELE?	
SABE COMO BRINCAR?	
CASO JÁ TENHA BRINCADO, VOCÊ GOSTOU DA EXPERIÊNCIA? EXPLIQUE.	
CASO SEU ENTREVISTADO NÃO CONHEÇA O BRINQUEDO, FAÇA UMA BREVE PESQUISA E REGISTRE SUAS DESCOBERTAS.	

O JOGO DE PETECA

MUITAS DAS BRINCADEIRAS E BRINQUEDOS QUE CONHECEMOS HOJE SÃO DE ORIGEM INDÍGENA. DESSES BRINQUEDOS, UM DOS MAIS CONHECIDOS É A PETECA.

ANTIGAMENTE, A PETECA INDÍGENA ERA FEITA COM UM CONJUNTO DE PEQUENAS PEDRAS AMARRADAS COM PALHA DE MILHO OU PENAS DE AVES ESPETADAS.

HOJE AS PETECAS SÃO FEITAS DE DIFERENTES MATERIAIS, BEM MAIS DURÁVEIS, E PENAS DE ANIMAIS NÃO SÃO MAIS USADAS. CONHEÇA ALGUNS MODELOS DE PETECAS ATUAIS.

DOUGLAS COMETTI/FOLHAPRESS

DADO PHOTOS/SHUTTERSTOCK.COM

RITA BARRETO

1 NO BRASIL É PROIBIDA A VENDA DE OBJETOS FEITOS COM DENTES, GARRAS OU PENAS DE ANIMAIS NATIVOS.

A) POR QUE VOCÊ ACHA QUE EXISTE ESSA LEI?

B) VOCÊ CONCORDA COM ELA?

NOSSA ESCOLA

NA ESCOLA FAZEMOS AS PRIMEIRAS AMIZADES.
É NELA TAMBÉM QUE PASSAMOS GRANDE PARTE DA VIDA, APRENDEMOS COISAS NOVAS E NOS RELACIONAMOS COM AS DIFERENTES PESSOAS QUE OCUPAM ESSE ESPAÇO.

CRIANÇAS EM SALA DE AULA.

CRIANÇAS EM SALA DE LEITURA.

NA ESCOLA, CONHECEMOS PESSOAS QUE FAZEM ATIVIDADES MUITO IMPORTANTES PARA SEU BOM FUNCIONAMENTO E O BEM--ESTAR DE TODOS OS ALUNOS.

CRIANÇAS PEDINDO INFORMAÇÃO PARA FUNCIONÁRIO DA ESCOLA.

ATIVIDADES

1 OBSERVE AS IMAGENS A SEGUIR E ASSINALE AS QUE MOSTRAM PROFISSIONAIS QUE TRABALHAM EM SUA ESCOLA.

BRINCANDO

1 HOJE É DIA DE AULA. GUILHERME, QUE ESTÁ PASSANDO EM FRENTE À FARMÁCIA, PRECISA IR ATÉ A ESCOLA. AJUDE-O NESSA TAREFA E TRACE UM CAMINHO NA IMAGEM AO LADO. DEPOIS, PINTE O DESENHO.

CONVIVENDO NA ESCOLA

QUANDO SOMOS CRIANÇAS, É NA ESCOLA QUE PASSAMOS GRANDE PARTE DO DIA E CONVIVEMOS COM DIFERENTES PESSOAS.

FABIANA FERNANDES

PARA QUE ESSE TEMPO COMPARTILHADO SEJA AGRADÁVEL A TODOS, É IMPORTANTE RESPEITARMOS OS FUNCIONÁRIOS E TODOS OS COLEGAS.

ATIVIDADES

1 OBSERVE A ILUSTRAÇÃO E DIGA QUAIS DESSES AMBIENTES ESCOLARES SÃO SEUS FAVORITOS E POR QUÊ.

_____

_____

_____

1 PINTE AS IMAGENS QUE MOSTRAM ATITUDES DE BOA CONVIVÊNCIA NA ESCOLA.

A)

B)

C)

D)

E)

F)

ILUSTRAÇÕES: ESTÚDIO MIL

ATIVIDADES

1 COMPLETE AS FRASES COM AS PALAVRAS DO QUADRO E DEPOIS LEIA O TEXTO QUE SE FORMOU.

> BRINCAR   ALUNOS   PESSOAS
> ESPORTES   PROFESSORES   APRENDER

A) A ESCOLA É LUGAR DE BRINCAR, ESTUDAR E CONHECER

MUITAS _____.

B) NAS AULAS DE EDUCAÇÃO FÍSICA, AS CRIANÇAS PRATICAM

DIFERENTES _____.

C) A HORA DO RECREIO É MUITO LEGAL, PORQUE SEMPRE

PODEMOS _____.

D) AS CRIANÇAS PODEM APRENDER COM OS _____ E OS COLEGAS.

E) OS PROFESSORES TAMBÉM APRENDEM COM OS _____.

F) A ESCOLA É LUGAR DE ENSINAR E DE _____.

2 NA ESCOLA APRENDEMOS DIFERENTES CONTEÚDOS, POR EXEMPLO, A IMPORTÂNCIA DA RECICLAGEM.

OBSERVE A IMAGEM DA PÁGINA SEGUINTE E RESPONDA ÀS QUESTÕES. DEPOIS, PINTE O DESENHO.

A) O QUE OCORRE NESTA CENA?

_____

_____

B) VOCÊ JÁ FEZ ALGO PARECIDO?

_____

_____

DESENHORAMA

3 OBSERVE AS IMAGENS ABAIXO E CIRCULE AS QUE MOSTRAM ATITUDES DE RESPEITO ENTRE OS COLEGAS.

A)

SLADIC/ISTOCKPHOTO.COM

C)

STEFANAMER/ISTOCKPHOTO.COM

B)

KALI9/ISTOCKPHOTO.COM

D)

MARIZZA/ISTOCKPHOTO.COM

1 PARA QUE UMA ESCOLA FUNCIONE BEM, O TRABALHO DOS FUNCIONÁRIOS É MUITO IMPORTANTE.

VAMOS CONHECER MELHOR UM FUNCIONÁRIO DA ESCOLA?

■ ESCOLHA UM FUNCIONÁRIO E RESPONDA ÀS PERGUNTAS A SEGUIR.

A) QUAL É O NOME DO FUNCIONÁRIO?

_____

B) QUAL É A PROFISSÃO DELE?

_____

C) HÁ QUANTO TEMPO ELE TRABALHA NA ESCOLA?

_____

D) O QUE ELE MAIS GOSTA DE FAZER NA ESCOLA?

_____

_____

ROGÉRIO RIOS

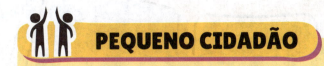

O RESPEITO NA ESCOLA

TODAS AS PESSOAS MERECEM RESPEITO, AMIZADE E CARINHO. AJUDE UM COLEGA QUE PRECISA DE AUXÍLIO COM AS ATIVIDADES OU QUE AINDA NÃO FEZ AMIZADES NA ESCOLA.

SUA ATITUDE PODE FAZER A DIFERENÇA NA TURMA!

DIFERENTEMENTE DO QUE MOSTRA A IMAGEM, TODOS DEVEM SER RESPEITADOS.

1 OBSERVE A ILUSTRAÇÃO ABAIXO E RESPONDA:

A) O QUE ELA REPRESENTA?

_____

_____

_____

_____

_____

B) EM SUA OPINIÃO, O ESPORTE É UMA BOA OPORTUNIDADE PARA CONVIVER? POR QUÊ?

_____

_____

_____

_____

UNIDADE 8

MUITAS ESCOLAS

VOCÊ SABIA QUE AS ESCOLAS NÃO SÃO TODAS IGUAIS? ALGUMAS SÃO MUITO PARECIDAS E OUTRAS SÃO BEM DIFERENTES.

EM MUITAS ESCOLAS HÁ QUADRAS ESPORTIVAS PARA OS ALUNOS SE EXERCITAREM.

NAS ESCOLAS INDÍGENAS, OS ALUNOS APRENDEM A LÍNGUA PORTUGUESA E SUA LÍNGUA NATIVA.

EM ALGUMAS ESCOLAS OS ALUNOS TÊM A OPORTUNIDADE DE PLANTAR ALIMENTOS QUE SERÃO CONSUMIDOS NO ALMOÇO.

NAS ESCOLAS OS ALUNOS PRATICAM ESPORTES. UM EXEMPLO É A CAPOEIRA.

1 QUAIS DESSAS ATIVIDADES VOCÊ FAZ EM SUA ESCOLA?

_____

_____

2 QUAL DESSAS ESCOLAS É MAIS PARECIDA COM A SUA?

1 ☐   2 ☐   3 ☐   4 ☐

BRINCANDO

1 OBSERVE A ILUSTRAÇÃO DA ESCOLA ABAIXO E ASSINALE OS AMBIENTES QUE EXISTEM EM SUA ESCOLA.

CARLOS SERIBELLI

2 AGORA VOCÊ VAI CRIAR UMA ESCOLA. PENSE EM COMO ELA SERIA E O QUE VOCÊ APRENDERIA NELA. DEPOIS, DESENHE, EM UMA FOLHA DE PAPEL, A ESCOLA QUE VOCÊ IMAGINOU.

CRIANÇAS DE DIFERENTES ESCOLAS

VOCÊ JÁ PERCEBEU QUE CADA ESCOLA TEM UM UNIFORME ESPECÍFICO PARA OS ALUNOS? ESSA É APENAS UMA DIFERENÇA ENTRE AS ESCOLAS.

VAMOS CONHECER OUTRAS DIFERENÇAS?

EM MINHA ESCOLA HÁ UMA HORTA. LÁ APRENDEMOS A PLANTAR, A COLHER E A FAZER DELICIOSAS SALADAS.

EU GOSTO DE JOGAR FUTEBOL NAS AULAS DE EDUCAÇÃO FÍSICA. QUANDO CRESCER, QUERO SER ATLETA PROFISSIONAL.

ILUSTRAÇÕES: FABIANA FERNANDES

NA MINHA ESCOLA TEMOS AULAS DE EDUCAÇÃO ALIMENTAR E NUTRICIONAL.

EU FAÇO AULAS DE MÚSICA NA MINHA ESCOLA. QUERO SER VIOLINISTA QUANDO CRESCER.

NA MINHA ESCOLA FICAMOS VENDO FILMES ENQUANTO ESPERAMOS OS PAIS VIREM NOS BUSCAR.

EM MINHA ESCOLA FALAMOS DUAS LÍNGUAS DIFERENTES. ACHO ISSO BEM DIVERTIDO!

ILUSTRAÇÕES: FABIANA FERNANDES

 **ATIVIDADES**

1 CONVERSE COM OS COLEGAS E, JUNTOS, ESCOLHAM UMA CARACTERÍSTICA QUE TORNA A ESCOLA ONDE VOCÊS ESTUDAM DIFERENTE DAS OUTRAS. ESCREVA-A NO ESPAÇO ABAIXO.

_____

2 CARLOS ESTÁ INDO PARA A ESCOLA. HOJE ELE VAI APRENDER A FAZER SUBTRAÇÃO. ESTÁ MUITO FELIZ CONTANDO ESSA NOVIDADE AO PAI. IMAGINE O DIÁLOGO ENTRE OS DOIS E REGISTRE A CONVERSA NOS BALÕES.

KANTON

1 VAMOS CONHECER UMA ESCOLA DE OUTRA ÉPOCA? CONVERSE COM UM ADULTO E PREENCHA A FICHA A SEGUIR.

ROGÉRIO RIOS

NOME DO ENTREVISTADO: _____

NOME DA ESCOLA EM QUE ESTUDOU: _____

_____

ANO EM QUE ESTUDOU: _____

1) O QUE VOCÊ MAIS GOSTAVA DE FAZER QUANDO ESTAVA NA ESCOLA?

_____

_____

2) O QUE VOCÊ NÃO GOSTAVA DE FAZER QUANDO ESTAVA NA ESCOLA?

_____

_____

2 QUAL FOI A MAIOR DIFERENÇA QUE VOCÊ PERCEBEU ENTRE SUA ESCOLA E A ESCOLA DO ENTREVISTADO?

TEM ESCOLA NA ALDEIA?

SIM, MUITAS ALDEIAS TÊM ESCOLA!

[...] O CONTEÚDO QUE SE APRENDE NAS ESCOLAS INDÍGENAS É DIFERENTE DAQUELE DAS ESCOLAS DOS NÃO ÍNDIOS. ISSO PORQUE OS POVOS INDÍGENAS TÊM DIREITO A TER UMA ESCOLA [...] QUE ENSINE CONTEÚDOS QUE SE RELACIONEM COM A CULTURA E A LÍNGUA DE CADA POVO. [...].

ESCOLA INDÍGENA DA ETNIA WAUJA, NA TERRA INDÍGENA XINGU. GAÚCHA DO NORTE, MATO GROSSO, 2019.

JEITOS DE APRENDER. *IN*: POVOS INDÍGENAS DO BRASIL MIRIM. SÃO PAULO, [200-?]. DISPONÍVEL EM: HTTPS://PIBMIRIM.SOCIOAMBIENTAL. ORG/COMO-VIVEM/APRENDER. ACESSO EM: 8 MAIO 2020.

1 DE ACORDO COM O TEXTO, POR QUE O CONTEÚDO DAS AULAS DAS ESCOLAS INDÍGENAS É DIFERENTE DA ESCOLA QUE VOCÊ FREQUENTA?

_____

_____

2 PINTE OS PONTOS E DESCUBRA O QUE KAUÊ ESTÁ FAZENDO. DEPOIS REGISTRE A RESPOSTA.

_____

_____

_____

BRINQUE MAIS

1 PREENCHA A FICHA A SEGUIR COM INFORMAÇÕES SOBRE VOCÊ.

ROGÉRIO RIOS

MEU NOME COMPLETO É _____.

EU TENHO _____ ANOS.

EU GOSTO DE _____.

EU NÃO GOSTO DE _____.

EU SOU ASSIM:

2 EXISTEM BRINCADEIRAS DIFERENTES E PARECIDAS EM VÁRIOS LUGARES DO MUNDO. E CADA PESSOA TEM SUA BRINCADEIRA PREDILETA.

A) FAÇA UM DESENHO QUE REPRESENTE A BRINCADEIRA DE QUE VOCÊ MAIS GOSTA.

B) CONVERSE COM DOIS COLEGAS DE SUA TURMA E ESCREVA O NOME DELES E A BRINCADEIRA PREDILETA DE CADA UM.

NOME		
BRINCADEIRA PREDILETA		

3 ESCREVA O NOME DE CADA UMA DESTAS BRINCADEIRAS.

A)

_____

B)

_____

C)

_____

D)

_____

E)

_____

F)

_____

4 LEIA O TEXTO ABAIXO E FAÇA O QUE SE PEDE.

PETECA

ADIVINHE,
SE PUDER!
VOA, TEM PENA,
MAS PÁSSARO
NÃO É...

ESSE
BRINQUEDO
NÃO TEM SEGREDO.
ALEGRE E SAPECA,
É A COLORIDA
PETECA.

QUEM JOGA?
QUEM PEGA?
QUEM VAI
CONSEGUIR?
[...]

ESPERTO E ATENTO,
ESPERE ELA VIR,
NÃO PODE DEIXAR
A PETECA CAIR!

MOACIR RODRIGUES

MÉRCIA LEITÃO E NEIDE DUARTE. *FOLCLORICES DE BRINCAR.*
SÃO PAULO: EDITORA DO BRASIL, 2009. P. 17.

A) O QUE **NÃO** PODE ACONTECER COM A PETECA DURANTE O JOGO? ENCONTRE A RESPOSTA NO TEXTO E CIRCULE-A DE **VERMELHO**.

B) PROCURE, NO TEXTO, DUAS SEMELHANÇAS APONTADAS ENTRE OS PÁSSAROS E AS PETECAS. DEPOIS, CIRCULE-AS DE **VERDE**.

5 QUE TAL MONTARMOS UM "JOGO DA MEMÓRIA" DOS COLEGAS DE TURMA?

SIGA AS ORIENTAÇÕES ABAIXO.

1. REÚNA-SE COM TRÊS COLEGAS. CADA UM DEVE CORTAR AS PEÇAS DA PÁGINA 93 DO LIVRO. ELAS SERÃO AS CARTAS DO JOGO.

2. DISTRIBUAM AS CARTAS ENTRE VOCÊS. CADA ALUNO FICARÁ COM QUATRO CARTAS, DUAS **AZUIS** E DUAS **VERMELHAS**.

3. CADA UM DEVERÁ ESCREVER SEU NOME NAS DUAS CARTAS **AZUIS** E FAZER O MESMO DESENHO NAS DUAS CARTAS **VERMELHAS**.

4. COLOQUEM TODAS AS CARTAS SOBRE A MESA, VIRADAS PARA BAIXO, E AS EMBARALHEM.

5. QUEM COMEÇA O JOGO VIRA DUAS CARTAS, TENTANDO FORMAR UM PAR. SE CONSEGUIR, FICA COM ELAS E PASSA A VEZ. SE NÃO CONSEGUIR, DEVOLVE AS CARTAS PARA A MESA E PASSA A VEZ. GANHA O JOGO QUEM CONSEGUIR FORMAR MAIS PARES!

FABIANA FERNANDES

6 OBSERVE AS CRIANÇAS ABAIXO. DEPOIS, COMPLETE AS FRASES COM INFORMAÇÕES SOBRE CADA UMA DELAS.

DANIELA, 8 ANOS.

GUILHERME, 7 ANOS.

RAFAEL, 9 ANOS.

A) A CRIANÇA MAIS VELHA É _____. ELE TEM

_____ ANOS.

B) A ÚNICA MENINA DA TURMA É _____. ELA

TEM _____ ANOS.

C) A CRIANÇA MAIS NOVA DA TURMA É _____,

ELE TEM _____ ANOS.

D) _____ GOSTA MUITO DE LER.

E) _____ ADORA JOGAR VÔLEI COM A IRMÃ.

F) _____ ADORA PATINAR COM OS AMIGOS.

ELES SEMPRE FAZEM ISSO NAS FÉRIAS.

ILUSTRAÇÕES: FABIANA FERNANDES

7 ESCOLHA UMA DAS CRIANÇAS DA ATIVIDADE ANTERIOR E ESCREVA UMA SEMELHANÇA E UMA DIFERENÇA ENTRE ELA E VOCÊ.

A) SEMELHANÇA

_____

_____

_____

B) DIFERENÇA

_____

_____

_____

8 ESCREVA A PRIMEIRA LETRA DO NOME DE CADA FIGURA NAS LINHAS ABAIXO E DESCUBRA A PALAVRA SECRETA.

ILUSTRAÇÕES: GUTTO PAIXÃO

_____ _____ _____ _____ _____ _____ _____

9 COMPLETE AS FRASES ABAIXO.

A) A MÃE DE MINHA MÃE É MINHA _____.

B) O MEU IRMÃO É _____ DA MINHA MÃE.

C) EU SOU _____ DO MEU AVÔ.

D) A FILHA DE MEU PAI É MINHA _____.

E) O MEU AVÔ É _____ DO MEU PAI.

10 OBSERVE A FAMÍLIA DE HUGO E FAÇA O QUE SE PEDE.

A) QUANTAS PESSOAS FORMAM ESSA FAMÍLIA?

MONKEY BUSINESS IMAGES/SHUTTERSTOCK.COM

_____

B) FAÇA UM **X** NOS ITENS QUE INDICAM OS PARENTES DE HUGO QUE ESTÃO NA FOTOGRAFIA.

☐ PAI   ☐ AVÔ

☐ FILHA   ☐ IRMÃ

☐ MÃE   ☐ AVÓ

C) ESSA FAMÍLIA TEM SEMELHANÇAS COM A SUA? QUAIS SÃO?

_____

_____

_____

11 ASSINALE UM **X** NO QUE VOCÊ E OS COLEGAS COSTUMAM FAZER NA HORA DO RECREIO.

☐ BRINCAR   ☐ DORMIR   ☐ LANCHAR

☐ BRIGAR   ☐ CONVERSAR   ☐ ESTUDAR

12 DESENHE UMA ATITUDE DE RESPEITO QUE VOCÊ CONSIDERA IMPORTANTE SER ADOTADA NA ESCOLA.

13 ENCONTRE QUATRO DIFERENÇAS ENTRE AS ESCOLAS ABAIXO E CIRCULE-AS.

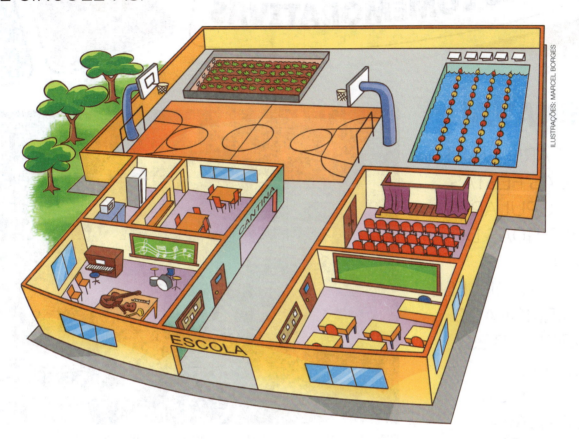

ILUSTRAÇÕES: MARCEL BORGES

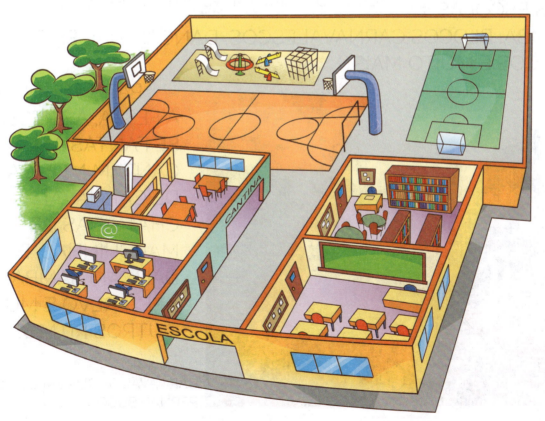

CARNAVAL

O CARNAVAL É UMA DAS FESTAS MAIS POPULARES E DIVERTIDAS DO MUNDO.

NO BRASIL, ELE É COMEMORADO DE DIFERENTES MANEIRAS.

NA ÉPOCA DO CARNAVAL, VEMOS ESCOLAS DE SAMBA, BLOCOS CARNAVALESCOS, DANÇAS, BAILES, TRIOS ELÉTRICOS E MUITO MAIS.

DESFILE DE CARNAVAL NO RIO DE JANEIRO, 2018.

PARA APROVEITAR A FESTA, AS PESSOAS SE FANTASIAM, CANTAM MÚSICAS DE CARNAVAL, CHAMADAS DE MARCHINHAS, E DANÇAM SAMBA, AXÉ, FREVO E MUITOS OUTROS RITMOS.

CARNAVAL DE RUA EM OLINDA, PERNAMBUCO, 2020.

BRINCANDO

1 QUE TAL FAZER UM BALANGANDÃ PARA O BAILE DE CARNAVAL?

ROGÉRIO RIOS

MATERIAL:
- PAPEL CREPOM COLORIDO;
- 1 FOLHA DE JORNAL;
- BARBANTE;
- FITA-CREPE;
- TESOURA SEM PONTA.

COMO FAZER
1. CORTE O PAPEL CREPOM EM TIRAS COMPRIDAS.
2. DOBRE A FOLHA DE JORNAL ATÉ QUE ELA FIQUE BEM PEQUENA, DO TAMANHO DE SUA MÃO.
3. COLOQUE AS TIRAS DE PAPEL CREPOM NO MEIO DO JORNAL DOBRADO E PRENDA-AS COM A FITA-CREPE.
4. CORTE UM PEDAÇO DE BARBANTE E PRENDA-O NO JORNAL COM A FITA-CREPE.

PRONTO! AGORA É SÓ BRINCAR COM SEU BALANGANDÃ.

1
FOTOS: FERNANDO FAVORETTO

2

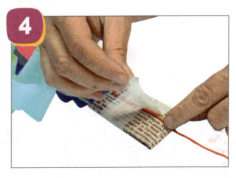
3

4

DIA DAS MÃES

TODOS OS ANOS, NO SEGUNDO DOMINGO DO MÊS DE MAIO, É COMEMORADO O DIA DAS MÃES.

NESSE DIA, MUITAS FAMÍLIAS SE REÚNEM PARA PASSEAR OU FAZER REFEIÇÕES JUNTAS. É COMUM TAMBÉM QUE AS MÃES SEJAM PRESENTEADAS DE DIVERSAS FORMAS, TODAS ELAS COM MUITO AMOR E CARINHO.

MÃE COM FILHOS.

BRINCANDO

1 VAMOS FAZER UM PRESENTE PARA HOMENAGEAR SUA MÃE?

1. PINTE A ILUSTRAÇÃO DA PÁGINA AO LADO COM CORES BEM BONITAS.
2. RECORTE A ILUSTRAÇÃO E DOBRE-A NA ÁREA MARCADA.
3. COLE AS PARTES DOBRADAS, CONFORME A IMAGEM.
4. AGORA É SÓ ENTREGAR SEU PRESENTE!

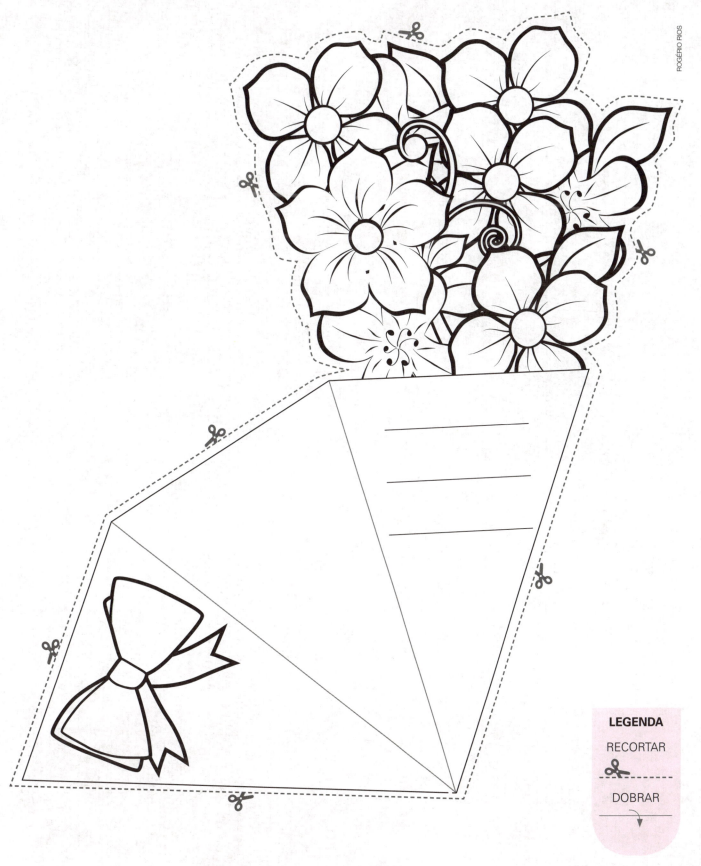

ROGÉRIO RIOS

LEGENDA

RECORTAR

DOBRAR

DIA DOS PAIS

O DIA DOS PAIS É COMEMORADO NO SEGUNDO DOMINGO DE AGOSTO; TRATA-SE DE UMA DATA PARA HOMENAGEAR OS PAIS. QUANDO O PAI NÃO PODE ESTAR PRESENTE, É COMUM ESCOLHERMOS UM ADULTO ESPECIAL PARA HOMENAGEAR, ALGUÉM QUE NOS DÊ CARINHO, APOIO E PROTEÇÃO, UM AVÔ, POR EXEMPLO.

DURANTE ESSA COMEMORAÇÃO, É COMUM HAVER ENTREGA DE PRESENTES E REUNIÕES EM FAMÍLIA.

MONKEYBUSINESSIMAGES/ISTOCKPHOTO.COM

ALDOMURILLO/ISTOCKPHOTO.COM

SZEFEI/ISTOCKPHOTO.COM

BRINCANDO

1 AGORA É HORA DE FAZER UMA HOMENAGEM BEM LEGAL!

PENSE EM UM DIA ESPECIAL QUE VOCÊ TENHA PASSADO COM SEU PAI. LEMBRE O LUGAR EM QUE VOCÊS ESTAVAM E O QUE VOCÊS FIZERAM DE MAIS DIVERTIDO.

LEMBROU? AGORA RECORTE O ENCARTE DA PÁGINA 95 E FAÇA UM DESENHO QUE MOSTRE COMO FOI ESSE MOMENTO. E NÃO SE ESQUEÇA DE DESENHAR VOCÊS DOIS!

DIA DA CRIANÇA

EM DIVERSOS LUGARES DO MUNDO, HÁ UM DIA ESPECIALMENTE ESCOLHIDO PARA HOMENAGEAR AS CRIANÇAS. NO BRASIL, ESSE DIA É 12 DE OUTUBRO.

O DIA DA CRIANÇA NO BRASIL ACONTECE EM UM FERIADO. POR ISSO, MUITAS CRIANÇAS APROVEITAM PARA PASSEAR, ENCONTRAR AMIGOS E PARENTES, ALÉM DE BRINCAR BASTANTE. E VOCÊ, O QUE GOSTA DE FAZER NO DIA DA CRIANÇA?

KAU BISPO

VANESSA ALEXANDRE

VANESSA ALEXANDRE

🏐 BRINCANDO

1 DIA DA CRIANÇA COMBINA COM BRINCADEIRA, NÃO É MESMO? VOCÊ SABIA QUE PODEMOS CONSTRUIR BRINQUEDOS DIVERTIDOS USANDO MATERIAIS REAPROVEITADOS? É O QUE VAMOS FAZER AGORA, CRIANDO UM VAI-VEM COM GARRAFA PET.

MATERIAL:
- 2 GARRAFAS PET;
- 6 METROS DE FIO PARA VARAL;
- 4 ARGOLAS DE PLÁSTICO;
- TESOURA SEM PONTA;
- FITA ADESIVA COLORIDA.

COMO FAZER

1. COM A AJUDA DE UM ADULTO, CORTE AS GARRAFAS PELA METADE.

FOTOGRAFIAS: FERNANDO FAVORETTO

2. ENCAIXE AS PARTES DE CIMA DAS GARRAFAS UMA NA OUTRA. PASSE A FITA COLORIDA PARA ENFEITAR E MANTER AS PARTES JUNTAS.

3. CORTE O FIO DE VARAL AO MEIO E PASSE AS DUAS METADES POR DENTRO DAS GARRAFAS.

FOTOGRAFIAS: FERNANDO FAVORETTO

4. AMARRE AS PONTAS DE CADA FIO EM UMA ARGOLA DIFERENTE. PRONTO!

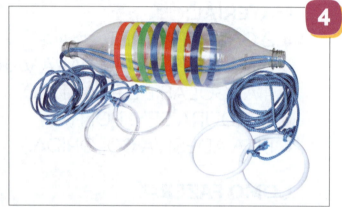

AGORA É SÓ CHAMAR OS AMIGOS E SE DIVERTIR!

FERNANDO FAVORETTO

DIA DO PROFESSOR

DURANTE NOSSA VIDA, CONHECEMOS MUITOS PROFESSORES. ELES NOS ENSINAM MUITO MAIS DO QUE LER, ESCREVER E FAZER CONTAS. JÁ PENSOU NISSO?

ELES ENSINAM COISAS SOBRE A VIDA, A FAMÍLIA, A ESCOLA, OS AMIGOS E MUITO MAIS!

NO DIA 15 DE OUTUBRO É A VEZ DE HOMENAGEARMOS OS PROFESSORES. VAMOS LÁ?

1 ESCREVA O QUE VOCÊ MAIS GOSTOU DE TER APRENDIDO COM O PROFESSOR. DEPOIS, MOSTRE ESTA PÁGINA A ELE.

CSCREDON/ISTOCKPHOTO.COM

DIA DA FAMÍLIA

A FAMÍLIA É O GRUPO DE PESSOAS QUE NOS ACOLHE E CUIDA COM AMOR.

NO BRASIL, COMEMORAMOS O DIA DA FAMÍLIA EM 8 DE DEZEMBRO.

ESSA DATA FOI CRIADA PARA LEMBRAR O QUANTO A FAMÍLIA É ESSENCIAL NA VIDA DE UMA PESSOA.

CADA FAMÍLIA É DE UM JEITO, MAS O CARINHO E O RESPEITO ENTRE TODOS É SEMPRE MUITO IMPORTANTE.

ATIVIDADES

1 DESENHE SUA FAMÍLIA NO PORTA-RETRATOS E DEPOIS PINTE O DESENHO COM MUITO CARINHO.

ENCARTE PARA A ATIVIDADE DA PÁGINA 76.

ENCARTES

ILUSTRAÇÕES: HÉLIO SENATORE

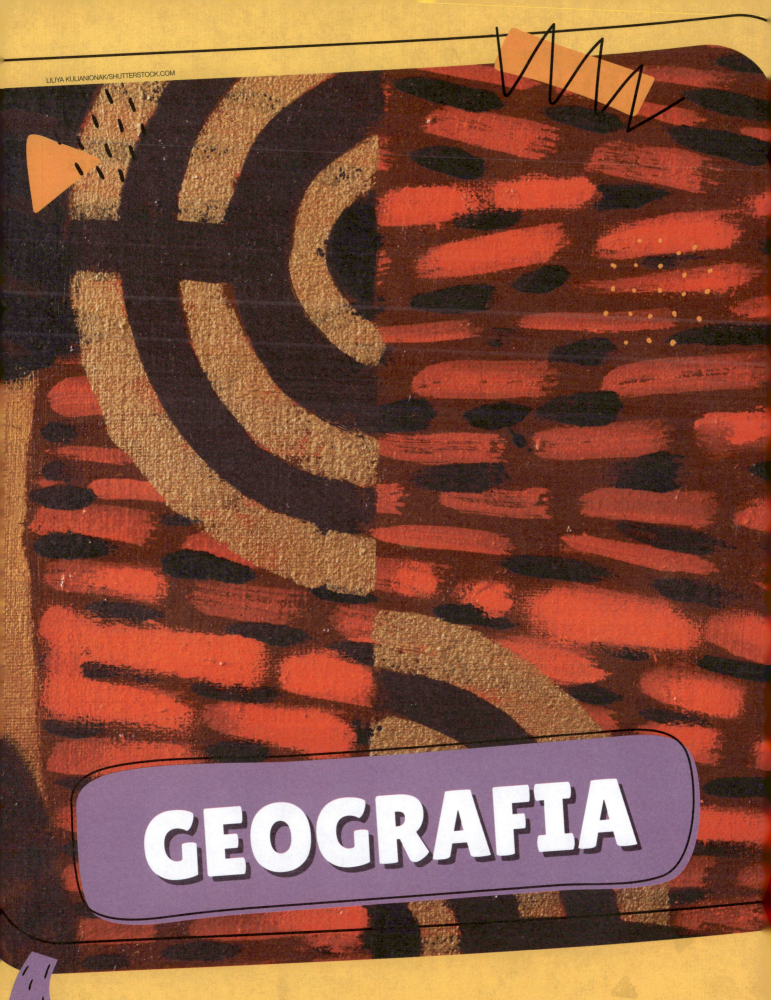

GEOGRAFIA

SUMÁRIO

VAMOS BRINCAR

1 VAMOS COLORIR A IMAGEM A SEGUIR, QUE RETRATA UMA FAMÍLIA REUNIDA!

2 OBSERVE A ILUSTRAÇÃO A SEGUIR. VOCÊ JÁ FOI A UM LUGAR PARECIDO COM ESTE?

■ AGORA, RECORTE AS FIGURAS DA PÁGINA SEGUINTE E COLE-AS NA ILUSTRAÇÃO, NO LUGAR QUE ACHAR MELHOR.

ILUSTRAÇÕES: JEFFERSON GALDINO

MINHA FAMÍLIA

HÁ VÁRIOS TIPOS DE FAMÍLIA. CADA UMA TEM UM JEITO DE SER. TODAS AS FAMÍLIAS SÃO MUITO IMPORTANTES.

 **BRINCANDO**

1 ESCOLHA ALGUMA ATIVIDADE QUE AS PESSOAS DE SUA FAMÍLIA GOSTEM MUITO DE FAZER JUNTAS. DESENHE VOCÊS FAZENDO ESSA ATIVIDADE. COM A AJUDA DO PROFESSOR, ESCREVA O NOME DE CADA PESSOA.

1 MOSTRE AOS COLEGAS O DESENHO FEITO NA PÁGINA ANTERIOR E OBSERVE O DESENHO QUE ELES FIZERAM. AS FAMÍLIAS DESENHADAS SÃO IGUAIS?

2 ABAIXO HÁ QUATRO PALAVRAS RELACIONADAS À CONVIVÊNCIA EM FAMÍLIA. COMPLETE CADA UMA DESSAS PALAVRAS COM A LETRA QUE FALTA.

A) _____MOR

C) PAC_____ÊNCIA

B) CONV_____RSAS

D) _____NIÃO

3 CUBRA O TRACEJADO PARA FORMAR AS PALAVRAS.

MÃE

IRMÃO

PAI

IRMÃ

JOÃO P. MAZZOCO

OUTRAS PESSOAS DA FAMÍLIA

A FAMÍLIA TAMBÉM É FORMADA POR OUTRAS PESSOAS, COMO AVÓS, TIOS, TIAS, PRIMOS E PRIMAS.

ESSAS PESSOAS SÃO CHAMADAS DE **PARENTES**. ALÉM DOS PARENTES, AS FAMÍLIAS TÊM PESSOAS MUITO PRÓXIMAS NA CONVIVÊNCIA E POR ISSO SE DIZ A EXPRESSÃO "TAL PESSOA É DA FAMÍLIA", MESMO ELA NÃO SENDO PARENTE.

 **BRINCANDO**

1 COMPLETE AS FRASES E LIGUE O NOME FORMADO A SUA RESPECTIVA IMAGEM.

A) O PAI DA MINHA MÃE

É MEU AV_____.

ILUSTRAÇÕES: DAYANE CABRAL RAVE

B) A IRMÃ DO MEU PAI É

MINHA TI_____.

C) O FILHO DO MEU TIO É

MEU PR_____M_____.

D) A MÃE DO MEU PAI É

MINHA AV_____ .

1 COMPLETE A PALAVRA, ESCREVA-A ABAIXO E DESCUBRA UMA ATITUDE IMPORTANTE A SER PRATICADA POR TODAS AS PESSOAS DA FAMÍLIA.

R ☐ S ☐ E ☐ TO

_____

2 MARIANA, QUE TEM CABELO RUIVO E ESTÁ DE BLUSA ROXA E BOTAS, TEM CINCO PRIMOS, MAS NEM TODOS APARECEM NA IMAGEM A SEGUIR. COMPLETE A IMAGEM DESENHANDO OS PRIMOS QUE FALTAM.

FABIANA FAIALLO

■ DESENHEI OS _____ PRIMOS QUE FALTAVAM.

COMO A FAMÍLIA SE ORGANIZA

CADA FAMÍLIA TEM UMA MANEIRA DE SE ORGANIZAR NA HORA DE DIVIDIR AS TAREFAS DO DIA A DIA.

OBSERVE NAS FOTOGRAFIAS A SEGUIR COMO TODOS PODEM COLABORAR PARA O BEM-ESTAR DA FAMÍLIA.

ESTUDANDO.

ORGANIZANDO OS BRINQUEDOS.

FAZENDO PEQUENOS REPAROS.

PREPARANDO AS REFEIÇÕES.

CUIDANDO DA LIMPEZA DA CASA.

CUIDANDO DAS ROUPAS.

ALÉM DAS TAREFAS DE CASA, AS PESSOAS DE UMA FAMÍLIA COMPARTILHAM FESTAS E MOMENTOS DE LAZER E DIVERSÃO.

1 TROQUE OS SÍMBOLOS PELAS LETRAS CORRESPONDENTES E VEJA UMA ATITUDE IMPORTANTE PARA CUIDAR DA CASA.

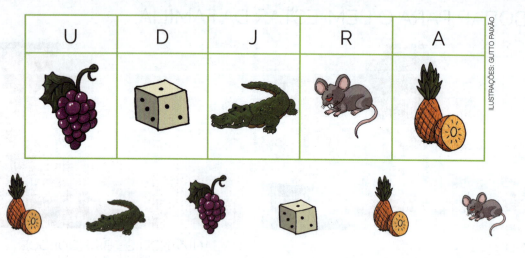

ILUSTRAÇÕES: GUTTO PAIXÃO

_____ _____ _____ _____ _____ _____

2 OBSERVE ABAIXO O QUARTO DE ROGÉRIO E CIRCULE OS OBJETOS QUE VOCÊ ACHA QUE PODERIAM SER ORGANIZADOS.

IMAGINÁRIO STÚDIO

■ CONTE AOS COLEGAS DOIS OBJETOS QUE VOCÊ CIRCULOU E EM QUAIS LOCAIS DO QUARTO VOCÊ OS GUARDARIA.

3 ENTRE AS ATIVIDADES A SEGUIR, CIRCULE AS QUE VOCÊ COSTUMA FAZER COM SUA FAMÍLIA.

● ALIMENTAR-SE.

● BRINCAR.

● PASSEAR.

● ESTUDAR.

4 ENCONTRE NO DIAGRAMA O NOME DAS ATIVIDADES ILUSTRADAS NO EXERCÍCIO ANTERIOR.

A	L	I	E	T	X	B	Q	O	Y	B	N
S	Ç	O	S	Y	B	R	I	N	C	A	R
D	P	S	T	A	N	I	W	P	A	N	C
F	O	L	U	W	M	N	E	A	B	D	E
H	I	A	D	B	Ç	L	R	S	E	T	G
G	Y	D	A	Q	L	Ç	T	S	T	H	R
W	E	I	R	P	O	E	F	E	X	K	Y
A	T	X	P	G	J	D	U	A	D	E	X
A	L	I	M	E	N	T	A	R	-	S	E

109

UNIDADE 2

O LUGAR EM QUE SE VIVE

OS DIFERENTES LUGARES PARA VIVER

AS PESSOAS MORAM EM DIFERENTES LUGARES E TÊM DIFERENTES MODOS DE VIDA. OBSERVE AS FOTOGRAFIAS A SEGUIR.

FAMÍLIA BRINCANDO COM A NEVE.

CRIANÇAS KAYAPÓS JOGANDO FUTEBOL.

FAMÍLIA PASSEANDO.

FAMÍLIA DO CAMPO REALIZANDO A COLHEITA.

ALGUMA DAS FOTOGRAFIAS ACIMA SE PARECE COM SEU MODO DE VIDA? O QUE MAIS CHAMOU SUA ATENÇÃO NESSAS FOTOGRAFIAS?

ATIVIDADES

1 OBSERVE AS IMAGENS A SEGUIR E FAÇA O QUE SE PEDE.

A) CONTORNE A IMAGEM QUE SE PARECE MAIS COM O LUGAR EM QUE VOCÊ E SUA FAMÍLIA VIVEM.

B) QUE CARACTERÍSTICA DA IMAGEM QUE VOCÊ CONTORNOU LEMBRA MAIS O LUGAR EM QUE VOCÊ E SUA FAMÍLIA VIVEM? RESPONDA ORALMENTE.

2 VOCÊ CONHECE ALGUÉM QUE MORA EM UM LUGAR BEM DIFERENTE DE ONDE VOCÊ VIVE? JÁ FOI VISITÁ-LO? CONTE PARA OS COLEGAS.

O QUE FAZEMOS DE DIA E DE NOITE

VEJA A ROTINA DE PATRÍCIA NAS ILUSTRAÇÕES ABAIXO. ALGUMAS ATIVIDADES ELA FAZ DURANTE O DIA; OUTRAS, DURANTE A NOITE.

DANILLO SOUZA

ATIVIDADES

1 AGORA, RESPONDA ÀS QUESTÕES A SEGUIR.

A) O QUE PATRÍCIA FAZ DURANTE O DIA?

B) E DURANTE A NOITE?

C) EM QUE DIA DA SEMANA VOCÊ ACHA QUE PATRÍCIA ESTÁ: SEGUNDA-FEIRA OU SÁBADO?

D) AS ATIVIDADES QUE PATRÍCIA FAZ NO DIA A DIA SÃO PARECIDAS COM AS SUAS?

OS LUGARES E O MODO DE VIDA

ESTUDAR GEOGRAFIA NOS AJUDA A CONHECER OS DIFERENTES LUGARES E A ENTENDER COMO AS PESSOAS DESSES LOCAIS VIVEM. ALGUMAS PESSOAS VIVEM EM LUGARES POUCO MOVIMENTADOS, MAIS **ARBORIZADOS**, COM PLANTAÇÕES E RIOS.

FABIANA SALOMÃO

GLOSSÁRIO

ARBORIZADO: LOCAL COM MUITAS ÁRVORES.

HÁ TAMBÉM PESSOAS QUE MORAM EM LUGARES MUITO MOVIMENTADOS, COM CARROS, PRÉDIOS, VIADUTOS E MENOS ÁRVORES.

O **MODO DE VIDA** DAS FAMÍLIAS – POR EXEMPLO, O TIPO DE ROUPA QUE USAM, A MORADIA EM QUE HABITAM, A ALIMENTAÇÃO QUE ADOTAM, O TRABALHO E AS ATIVIDADES DE LAZER QUE COSTUMAM FAZER – ESTÁ RELACIONADO COM O LUGAR EM QUE VIVEM.

FLIP ESTÚDIO

ATIVIDADES

1 PINTE OS QUADRINHOS QUE APRESENTAM CARACTERÍSTICAS DO LUGAR EM QUE VOCÊ VIVE.

☐ É ARBORIZADO.

☐ É CHUVOSO.

☐ É FRIO.

☐ TEM CRIAÇÃO DE ANIMAIS.

☐ É QUENTE.

☐ TEM PLANTAÇÕES.

☐ TEM MUITOS PRÉDIOS.

☐ É BARULHENTO.

2 OBSERVE AS IMAGENS ABAIXO.

1

RICARDO OLIVEIRA/TYBA

TEATRO AMAZONAS E RIO NEGRO AO FUNDO, EM MANAUS, AMAZONAS.

2

RICARDO OLIVEIRA/TYBA

TEATRO AMAZONAS E RIO NEGRO AO FUNDO, EM MANAUS, AMAZONAS.

▪ INDIQUE ABAIXO, QUAL FOTOGRAFIA FOI TIRADA DURANTE:

☐ O DIA.

☐ A NOITE.

3 OBSERVE ATENTAMENTE AS FOTOGRAFIAS DA ATIVIDADE ANTERIOR. COMO ESTÁ O CÉU DURANTE O DIA? E DURANTE A NOITE? DE ONDE VEM A LUZ EM CADA UMA DAS FOTOGRAFIAS?

A MORADIA

TODAS AS PESSOAS PRECISAM DE UMA MORADIA. A MORADIA É O LUGAR EM QUE AS PESSOAS VIVEM, FAZEM ATIVIDADES DO DIA A DIA, DIVERTEM-SE, DESCANSAM, DORMEM...

A MORADIA DEVE SER CONFORTÁVEL E SEGURA, OFERECENDO ABRIGO E PROTEÇÃO.

HÁ MORADIAS DE DIVERSOS TIPOS. ALGUMAS SÃO GRANDES E TÊM MUITOS CÔMODOS; OUTRAS SÃO PEQUENAS, COM POUCOS CÔMODOS.

AO REDOR DO MUNDO HÁ MUITOS TIPOS DE MORADIA. ELAS PODEM TER DIFERENTES FORMAS E MATERIAIS.

PODEM TAMBÉM SER CONSTRUÍDAS PERTO DE RIOS, ÁRVORES, PLANTAÇÕES OU NO MEIO DA NATUREZA.

AS OCAS SÃO FEITAS COM COBERTURA DE PALHA E PAREDES DE MADEIRA. A FLORESTA FORNECE OS MATERIAIS PARA A CONSTRUÇÃO DESSAS CASAS. O VENTO ENTRA NAS OCAS E **REFRESCA** O AMBIENTE INTERNO.

GLOSSÁRIO

CÔMODO: CADA UMA DAS PARTES DE UMA MORADIA. O QUARTO, A SALA, A COZINHA E O BANHEIRO SÃO EXEMPLOS DE CÔMODOS.

LUCIOLA ZVARICK/PULSAR IMAGENS

OCA.

AS CASAS EM LOCAIS FRIOS GERALMENTE SÃO FEITAS COM TIJOLOS. O TELHADO BEM INCLINADO SERVE PARA A NEVE CAIR E NÃO ACUMULAR, E A CHAMINÉ, PARA RETIRAR A FUMAÇA DA LAREIRA, QUE **AQUECE** O INTERIOR DA MORADIA.

CASA DE ALVENARIA.

CASA DE PALAFITAS.

AS CASAS FLUTUANTES (PALAFITAS) SÃO FEITAS DE MADEIRAS QUE NÃO SE ESTRAGAM FACILMENTE COM A ÁGUA. SÃO CONSTRUÍDAS SOBRE ESTACAS PARA QUE FIQUEM ACIMA DO NÍVEL DAS CHEIAS DO RIO, **PROTEGIDAS DE INUNDAÇÕES**.

CASAS FEITAS DENTRO DAS ROCHAS. ESSAS MORADIAS SÃO ESCAVADAS EM LOCAIS EM QUE AS ROCHAS SÃO MENOS DURAS. DENTRO, PARECEM CAVERNAS, FICAM MAIS **FRESCAS** E ALIVIAM O CALOR DO AMBIENTE EXTERNO.

CASA DE PEDRA.

1 PINTE A IMAGEM A SEGUIR, QUE REPRESENTA UMA CAVERNA, MORADIA DOS SERES HUMANOS QUE VIVERAM MUITOS E MUITOS ANOS ATRÁS.

IBERÊ

■ POR QUE VOCÊ ACHA QUE OS PRIMEIROS SERES HUMANOS VIVIAM EM CAVERNAS?

AS DIFERENTES MORADIAS

AS MORADIAS PODEM SER MUITO DIFERENTES UMAS DAS OUTRAS.

EXISTEM MORADIAS DE VÁRIOS TIPOS. VEJA:

HÁ CASAS TÉRREAS, OU SEJA, COM UM ÚNICO ANDAR NO MESMO NÍVEL DA RUA.

OS PRÉDIOS DE APARTAMENTOS, OU EDIFÍCIOS, TÊM VÁRIOS ANDARES. CADA ANDAR PODE TER UMA OU MAIS MORADIAS.

OS SOBRADOS SÃO MORADIAS DE DOIS OU TRÊS ANDARES.

AS CASAS TÉRREAS, OS SOBRADOS E OS PRÉDIOS SÃO FEITOS DE TIJOLOS E FERRO.

VOCÊ CONSEGUE IMAGINAR QUANTAS PESSOAS TRABALHAM NA CONSTRUÇÃO DE MORADIAS ASSIM?

ATIVIDADES

1 AS CASAS PODEM SER FEITAS DE DIVERSOS MATERIAIS: **MADEIRAS**, **TIJOLOS**, **PALHAS** E **FERRO** SÃO ALGUNS DELES. IDENTIFIQUE NAS FOTOGRAFIAS ABAIXO QUAIS SÃO ESSES MATERIAIS.

_____

_____

2 COMPLETE AS FRASES ABAIXO LEMBRANDO DO QUE VOCÊ APRENDEU NAS PÁGINAS ANTERIORES.

A) MUITAS OCAS INDÍGENAS SÃO FEITAS DE

_____ E _____.

B) OS _____ E O _____ SÃO USADOS PARA CONSTRUIR PRÉDIOS E APARTAMENTOS.

C) AS PALAFITAS USAM A _____ COMO PRINCIPAL MATERIAL DE CONSTRUÇÃO.

3 ASSOCIE AS FRASES DAS DUAS COLUNAS RELACIONANDO O TIPO DE MORADIA A SUA FUNÇÃO.

1 NÓS CONSTRUÍMOS PALAFITAS...

☐ PARA NÃO DEIXAR A NEVE ACUMULAR.

2 NÓS ESCAVAMOS A ROCHA...

☐ PARA VENTILAR E DIMINUIR O CALOR.

3 OS TELHADOS SÃO INCLINADOS...

☐ PARA DEIXAR OS CÔMODOS MAIS FRESCOS.

4 NÓS USAMOS PALHA...

☐ PARA PROTEGER AS CASAS DAS CHEIAS DOS RIOS.

4 QUAL É O TIPO DE SUA MORADIA?

☐ CASA TÉRREA.

☐ SOBRADO.

☐ PRÉDIO DE APARTAMENTOS.

☐ OUTRO TIPO DE MORADIA. QUAL? _____

5 VOCÊ CONHECE OUTROS TIPOS DE MORADIA? COMO ELAS SÃO? CONTE AOS COLEGAS.

120

6 DESENHE UM 😊 AO LADO DO NOME DO CÔMODO DE QUE VOCÊ MAIS GOSTA.

☐ QUARTO

☐ SALA

☐ COZINHA

☐ BANHEIRO

☐ OUTRO. QUAL? _____

7 QUAL SERÁ O CÔMODO FAVORITO DE SEUS COLEGAS DE TURMA? VAMOS DESCOBRIR!

A) O PROFESSOR ESCREVERÁ O NOME DOS CÔMODOS NA LOUSA E PERGUNTARÁ QUAL É O CÔMODO PREFERIDO DE CADA UM. VEJA ONDE O NOME DE CADA ALUNO SERÁ ESCRITO, DE ACORDO COM A RESPOSTA DADA.

B) OBSERVE E CONTE, COM O PROFESSOR, QUANTAS VEZES CADA CÔMODO FOI CITADO.

C) PREENCHA OS NÚMEROS NOS ESPAÇOS A SEGUIR DE ACORDO COM O QUE O PROFESSOR ANOTOU.

- QUARTO ☐ 　　　　- COZINHA ☐

- SALA ☐ 　　　　- BANHEIRO ☐

D) OBSERVE OS NÚMEROS E RESPONDA: QUAL É O CÔMODO FAVORITO DA TURMA?

_____

_____

O DIREITO À MORADIA

É DIREITO DE TODA PESSOA, ADULTO OU CRIANÇA, TER UMA MORADIA.

ALÉM DA MORADIA, ADULTOS E CRIANÇAS TÊM MUITOS OUTROS DIREITOS, COMO EDUCAÇÃO, SAÚDE E SEGURANÇA.

[...] AS CRIANÇAS SÃO ESPECIAIS E TÊM DIREITOS ESPECIAIS.

POR EXEMPLO: TODA CRIANÇA TEM DIREITO A IR À ESCOLA. ELAS TÊM DIREITO TAMBÉM A UM BOM HOSPITAL E A NÃO SOFRER NENHUMA AGRESSÃO.

[...]

ESTUDAR É UM DIREITO, COMER É UM DIREITO E BRINCAR BASTANTE É UM DIREITO.

E TEM MAIS UMA COISA: OS DIREITOS VALEM PRA TODAS AS CRIANÇAS, EM QUALQUER LUGAR DO MUNDO!

[...]

IVAN ALCÂNTARA. *MEU DIREITO EU NÃO LARGO! CONVERSANDO SOBRE DIREITOS.* SÃO PAULO: ESCALA EDUCACIONAL, 2004.

MUITAS PESSOAS NÃO TÊM UMA MORADIA E PROCURAM ABRIGO SOB PONTES E VIADUTOS, EM PRAÇAS ETC. FAMÍLIAS INTEIRAS ESTÃO EM SITUAÇÃO DE RUA, CONDIÇÃO PERMANENTE OU TEMPORÁRIA DE PESSOAS QUE FAZEM DA RUA SUA MORADIA E TIRAM DELA SEU SUSTENTO.

ATIVIDADES

1 TROQUE OS SÍMBOLOS PELAS LETRAS CORRESPONDENTES E DESCUBRA ALGO QUE TODOS NÓS TEMOS.

D		R		E		S		I		T		O

GUTTO PAIXÃO

___ ___ ___ ___ ___ ___ ___ ___ ___ ___ ___

2 OS DESENHOS A SEGUIR MOSTRAM TRÊS DOS NOSSOS DIREITOS. OBSERVE AS IMAGENS, COMPLETE AS PALAVRAS E DESCUBRA QUAIS SÃO ELES.

ILUSTRAÇÕES: DANILLO SOUZA

S ___ ÚDE   EDU ___ AÇ ___ O   SEG ___ RA ___ ÇA

PEQUENO CIDADÃO

CONHEÇA O ECA

O ESTATUTO DA CRIANÇA E DO ADOLESCENTE, CONHECIDO COMO ECA, EXISTE DESDE 13 DE JULHO DE 1990 E VALE PARA TODO O PAÍS. ISSO SIGNIFICA QUE, NO BRASIL INTEIRO, DEVEM SER GARANTIDOS TODOS OS DIREITOS DE CRIANÇAS E ADOLESCENTES.

NESTA UNIDADE, VOCÊ APRENDEU QUE TODA CRIANÇA TEM DIREITO A UM LAR, COMIDA, ESCOLA E FAMÍLIA.

QUANDO CHEGAR EM CASA, CONTE ÀS PESSOAS DE SUA FAMÍLIA O QUE APRENDEU DOS DIREITOS DA CRIANÇA.

1 PERGUNTE A SEUS RESPONSÁVEIS O QUE PODERIA SER FEITO PARA QUE TODOS OS DIREITOS DA CRIANÇA FOSSEM RESPEITADOS. CONTE PARA OS COLEGAS O QUE VOCÊ DESCOBRIU.

124

A ESCOLA

VAMOS À ESCOLA

TODA CRIANÇA TEM DIREITO À EDUCAÇÃO.

A ESCOLA É LUGAR DE APRENDER E TAMBÉM DE FAZER AMIGOS E SE DIVERTIR.

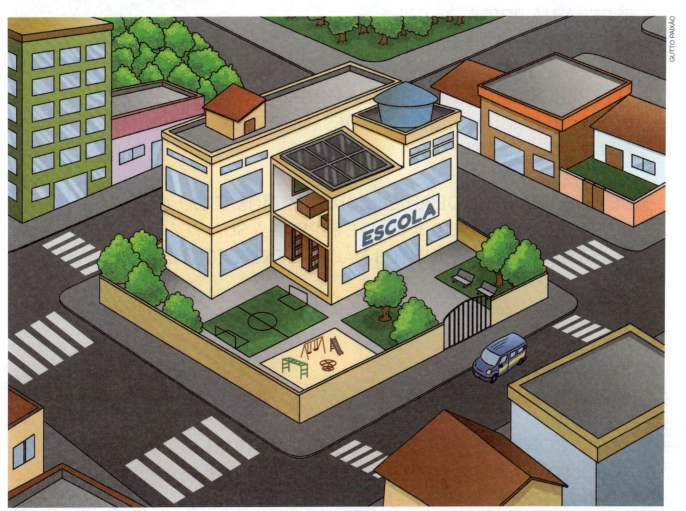

GUTTO PAIXÃO

PARA UMA BOA CONVIVÊNCIA NA ESCOLA, É PRECISO QUE TODOS SE RESPEITEM, SEJAM **SOLIDÁRIOS** E QUE HAJA MUITO DIÁLOGO. FAÇA SUA PARTE!

GLOSSÁRIO

SOLIDÁRIO: AQUELE QUE PRATICA A SOLIDARIEDADE, QUE É O ATO DE DAR APOIO E AUXILIAR OS OUTROS, DE TER INTERESSES E RESPONSABILIDADES EM COMUM.

[...]

COM MEUS COLEGAS, CAMINHO PELO CORREDOR, QUE É TÃO COMPRIDO QUE DÁ VONTADE DE IR CORRENDO. MAS NÃO ESTAMOS NO PÁTIO!

ANA, NOSSA PROFESSORA, NOS ESPERA NA PORTA DA SALA.

– BOM DIA! – ELA NOS DIZ.

[...]

SEM PERCEBERMOS, CHEGOU A HORA DO RECREIO. GUARDAMOS OS DESENHOS E ORGANIZAMOS AS MESAS E CADEIRAS.

[...]

DE NOVO NA SALA DE AULA, COMENTAMOS TUDO. QUEM QUER FALAR LEVANTA A MÃO E ESPERA A SUA VEZ, PORQUE SE FALAMOS TODOS JUNTOS NÃO ENTENDEMOS NADA.

[...]

PILAR RAMOS. *A ESCOLA DE INÊS*. SÃO PAULO: EDITORA DO BRASIL, 2010. P. 7, 8, 16 E 26.

 **ATIVIDADES**

1 VOCÊ CONHECE BOAS ATITUDES PARA MELHORARMOS A CONVIVÊNCIA NA ESCOLA? CONTE O QUE SABE PARA A TURMA E FIQUE ATENTO ÀS SUGESTÕES DOS COLEGAS.

2 TROQUE OS SÍMBOLOS PELAS LETRAS CORRESPONDENTES E DESCUBRA UMA ATITUDE FUNDAMENTAL PARA A BOA CONVIVÊNCIA NA ESCOLA.

ILUSSTRAÇÕES: GUTTO PAIXÃO

____ ____ ____ ____ ____ ____ ____ ____

3 MARQUE UM **X** NAS ATITUDES RELACIONADAS À BOA CONVIVÊNCIA NA ESCOLA.

PEDIR PERMISSÃO PARA SAIR DA SALA DE AULA.

SAIR DA SALA DE AULA SEM PERMISSÃO.

ILUSTRAÇÕES: REINALDO ROSA

RISCAR A CARTEIRA E SUJAR A SALA DE AULA.

ESTUDAR E FAZER AS TAREFAS.

127

O ESPAÇO DA ESCOLA

NA ESCOLA GERALMENTE HÁ VÁRIAS **DEPENDÊNCIAS**, COMO AS SALAS DE AULA, A SALA DOS PROFESSORES, A DIRETORIA, A BIBLIOTECA, O PÁTIO E OS BANHEIROS.

SALA DE AULA.

BIBLIOTECA.

QUADRA ESPORTIVA.

REFEITÓRIO.

ALÉM DISSO, EM ALGUMAS ESCOLAS HÁ SALA DE INFORMÁTICA, SALA DE VÍDEO, LABORATÓRIOS, ENTRE OUTRAS DEPENDÊNCIAS.

OS CUIDADOS COM O ESPAÇO DA ESCOLA

A ESCOLA É UM ESPAÇO DE TODOS: ESTUDANTES, PROFESSORES, DIRETORES, FUNCIONÁRIOS E FAMILIARES. POR ISSO TODOS, INCLUINDO VOCÊ E OS COLEGAS, DEVEM DESFRUTAR E CUIDAR DO AMBIENTE QUE COMPARTILHAM.

PEQUENAS ATITUDES CONTRIBUEM PARA MANTER O ESPAÇO LIMPO, ORGANIZADO E AGRADÁVEL.

- CONVIVER EM HARMONIA COM FUNCIONÁRIOS, PROFESSORES E COLEGAS.

- JOGAR O LIXO NA LIXEIRA E NÃO RABISCAR AS MESAS E PAREDES.

- MANTER O MATERIAL ESCOLAR E A SALA DE AULA ORGANIZADOS.

OS PROFISSIONAIS DA ESCOLA

A ESCOLA ESTÁ SEMPRE CHEIA DE PESSOAS E DE ATIVIDADES. DIVERSAS PESSOAS TRABALHAM NA ESCOLA PARA QUE ELA FUNCIONE DE MANEIRA ADEQUADA.

CONHEÇA A SEGUIR ALGUNS DESSES PROFISSIONAIS E SUAS PRINCIPAIS ATIVIDADES.

DIRETOR: ADMINISTRA A ESCOLA.

PROFESSORA: É RESPONSÁVEL PELA APRENDIZAGEM DOS ALUNOS.

MERENDEIRA: PREPARA AS REFEIÇÕES DOS ALUNOS.

COORDENADORA: ORIENTA O TRABALHO DOS PROFESSORES.

FAXINEIRA: CUIDA DA LIMPEZA DA ESCOLA.

INSPETOR: ORGANIZA A ESCOLA E ORIENTA OS ALUNOS.

ATIVIDADES

1 COMPLETE AS FRASES A SEGUIR COM AS PALAVRAS DOS QUADROS.

SALA DE AULA

REFEITÓRIO

BIBLIOTECA

QUADRA ESPORTIVA

A) NO _____ É POSSÍVEL FAZER AS REFEIÇÕES DURANTE O INTERVALO.

B) OS ALUNOS ASSISTEM À MAIORIA DAS AULAS NA

_____.

C) A _____ É UTILIZADA NAS AULAS DE EDUCAÇÃO FÍSICA E EM JOGOS E FESTAS.

D) OS LIVROS PARA LEITURA E CONSULTA ESTÃO NA _____.

2 CIRCULE AS IMAGENS QUE REPRESENTAM DEPENDÊNCIAS QUE EXISTEM EM SUA ESCOLA.

SECRETARIA.

PARQUE.

SALA DE INFORMÁTICA.

3 QUAIS ATIVIDADES PODEM SER FEITAS EM CADA DEPENDÊNCIA APRESENTADA ACIMA? CONVERSE COM OS COLEGAS E CONTE QUAL VOCÊ MAIS GOSTA DE FAZER.

SIGA AS DICAS E COMPLETE O DIAGRAMA DE PALAVRAS COM O NOME DOS PROFISSIONAIS QUE TRABALHAM NA ESCOLA.

1. AJUDA O ALUNO A APRENDER.
2. ORGANIZA OS ESPAÇOS DA ESCOLA E ORIENTA OS ALUNOS.
3. É RESPONSÁVEL PELA ADMINISTRAÇÃO DA ESCOLA.
4. LIMPA A ESCOLA E CUIDA DELA.
5. ORIENTA OS PROFESSORES E AUXILIA NA APRENDIZAGEM DOS ALUNOS.

1		R	F	E		S			
	2	I	N		P		T		R
3			R		T	O			
	4		F		X	I	N		R
5	C		O		E			D	R

5 TRACE O CAMINHO DO MERENDEIRO, PROFISSIONAL QUE PREPARA AS REFEIÇÕES DOS ALUNOS, ATÉ A COZINHA.

VANESSA ALEXANDRE

HÉLIO SENATORE

6 ORGANIZE AS SÍLABAS PARA DESCOBRIR OUTROS PROFISSIONAIS QUE PODEM TRABALHAR NA ESCOLA.

A)

CRE   RIA   TÁ   SE

_____

C)

BI   O   CÁ   BLI   RIA   TE

_____

B)

RO   POR   TEI

_____

D)

TO   MO   RA   RIS

_____

7 CIRCULE AS DEPENDÊNCIAS QUE EXISTEM EM SUA ESCOLA E GRIFE AS QUE VOCÊ GOSTARIA QUE HOUVESSE.

REFEITÓRIO   BIBLIOTECA   PÁTIO   PISCINA

QUADRA ESPORTIVA   SALA DE INFORMÁTICA

ESTÚDIO DE RÁDIO   SALA DE VÍDEO

LABORATÓRIO   SALA DO GRÊMIO ESTUDANTIL

8 AGORA RESPONDA ÀS QUESTÕES.

A) VOCÊ PENSOU EM ALGUMA OUTRA DEPENDÊNCIA? QUAL?

_____

_____

B) POR QUE VOCÊ GOSTARIA QUE HOUVESSE ESSA DEPENDÊNCIA NA ESCOLA?

_____

_____

9 PENSE, RESPONDA E CONVERSE COM OS COLEGAS: QUAIS SÃO SEUS DEVERES NA ESCOLA?

PESQUISANDO

VOCÊ CONHECE AS PESSOAS QUE TRABALHAM NA ESCOLA? VAMOS ORGANIZAR UMA RODA DE CONVERSA COM UM DESSES PROFISSIONAIS.

DURANTE A CONVERSA, PRESTE ATENÇÃO NAS PERGUNTAS QUE O PROFESSOR FARÁ E NAS RESPOSTAS DO ENTREVISTADO. VOCÊ TAMBÉM PODERÁ FAZER PERGUNTAS.

MÁRCIO CASTRO

OS LADOS

ONDE ESTÁ MESMO?

PARA ENCONTRAR UM OBJETO, UMA PESSOA OU UM LOCAL NO ESPAÇO, PODEM SER UTILIZADAS DIVERSAS REFERÊNCIAS, COMO: À ESQUERDA, À DIREITA, EM CIMA, EMBAIXO, ATRÁS, NA FRENTE, ENTRE OUTRAS. VOCÊ CONHECE BEM ESSAS PALAVRAS, NÃO É?

OBSERVE, NA ILUSTRAÇÃO A SEGUIR, A LOCALIZAÇÃO DE CAROL E DE SEUS COLEGAS.

BRINCANDO

1 TODOS JUNTOS EM UM CÍRCULO, VAMOS BRINCAR DE "SIGA O MESTRE". FIQUEM ATENTOS ÀS ORIENTAÇÕES DO PROFESSOR E FAÇAM OS MOVIMENTOS CORRETOS! ALÉM DE SER DIVERTIDO, É UM BOM EXERCÍCIO!

BRAÇO DIREITO PARA CIMA.

PÉ ESQUERDO PARA A FRENTE.

MÃO DIREITA NO OMBRO ESQUERDO.

PERNA DIREITA PARA O ALTO.

MÃO ESQUERDA EM CIMA DA CABEÇA.

PÉ ESQUERDO PARA TRÁS.

DOIS BRAÇOS PARA A FRENTE COM AS PALMAS DAS MÃOS PARA BAIXO.

PULE PARA A FRENTE COM OS DOIS PÉS.

COLOQUE A MÃO ESQUERDA EMBAIXO DA DIREITA.

DÊ UM PASSO PARA A ESQUERDA E VIRE PARA TRÁS.

DÊ AS MÃOS PARA OS COLEGAS DO LADO.

AGORA, SEM SOLTAR AS MÃOS, TODOS ERGAM A MÃO DIREITA!

WALDOMIRO NETO

1 O ESTUDO DAS MORADIAS NOS FEZ CONHECER AS CAVERNAS. A SEGUIR, TEMOS A REPRODUÇÃO DE UMA **PINTURA RUPESTRE**. PINTE O QUADRO ABAIXO DE CADA MÃO DE ACORDO COM A COR DA LEGENDA.

GLOSSÁRIO

PINTURA RUPESTRE: PINTURA QUE OS HOMENS PRÉ-HISTÓRICOS FAZIAM PARA RETRATAR PLANTAS, ANIMAIS E OUTROS HOMENS.

JOHN JOANNIDES/ALAMY/FOTOARENA

LEGENDA
■ MÃO ESQUERDA
■ MÃO DIREITA

2 OBSERVE A POSIÇÃO DE MARINA. ARNALDO ESTÁ DO LADO DIREITO DELA E GABRIEL, DO LADO ESQUERDO. ESCREVA O NOME DOS AMIGOS DE MARINA DE ACORDO COM A POSIÇÃO EM QUE ESTÃO.

ILUSTRA CARTOON

_____ MARINA _____

3 A TURMA SE REUNIU PARA IR AO CINEMA. ESTÃO TODOS NA FILA ESPERANDO PARA ENTRAR. OBSERVE A POSIÇÃO DAS PESSOAS E FAÇA O QUE SE PEDE.

A) PINTE DE **VERMELHO** A CAMISETA DE QUEM ESTÁ MAIS LONGE DA BILHETERIA DO CINEMA.

B) PINTE DE **VERDE** A BLUSA DE QUEM ESTÁ MAIS PERTO DA BILHETERIA DO CINEMA.

C) PINTE DE **AMARELO** A ROUPA DE QUEM ESTÁ ATRÁS DO MENINO COM UM PACOTE DE PIPOCA.

4 OBSERVE A IMAGEM E ASSINALE UM **X** NA ALTERNATIVA CORRETA.

OLGA POGORELOVA

A) QUE OBJETO ESTÁ EM CIMA DA ESTANTE?

☐ GLOBO TERRESTRE. ☐ ESPELHO.

B) QUE OBJETO ESTÁ EMBAIXO DO SOFÁ?

☐ URSINHO. ☐ TAPETE.

C) QUAL É A COR DO LIVRO QUE ESTÁ ENTRE OS LIVROS AZUL CLARO E VERDE?

☐ CINZA. ☐ ROXO.

D) QUE OBJETO ESTÁ À ESQUERDA DA JANELA?

☐ RELÓGIO. ☐ ESPELHO.

5 QUANDO CHEGAR A SUA CASA, ENTRE EM SEU QUARTO E OBSERVE-O. O QUE HÁ À SUA DIREITA? E À SUA ESQUERDA? E À SUA FRENTE?

_____

_____

OS DIFERENTES PONTOS DE VISTA

AS PESSOAS, OS OBJETOS E OS LOCAIS PODEM SER OBSERVADOS DE DIFERENTES PONTOS DE VISTA.

CADA UM DELES NOS POSSIBILITA UMA VISÃO DIFERENTE DAQUILO QUE É OBSERVADO. VEJA A SEGUIR.

O CESTO DE LIXO ESTÁ SENDO OBSERVADO DE FRENTE.

VISÃO FRONTAL.

O CESTO DE LIXO ESTÁ SENDO OBSERVADO DO ALTO E DE CIMA.

VISÃO VERTICAL.

O CESTO DE LIXO ESTÁ SENDO OBSERVADO DO ALTO E DE LADO.

VISÃO OBLÍQUA.

ILUSTRAÇÕES: ESTÚDIO MIL

FOTOGRAFIAS: RITA BARRETO

ATIVIDADES

1 LIGUE AS IMAGENS REPRESENTADAS PELO MESMO PONTO DE VISTA.

2 OBSERVE AS FOTOGRAFIAS DOS OBJETOS A SEGUIR. DEPOIS, DESENHE CADA UM DELES EM VISÃO VERTICAL.

VISÃO FRONTAL.

VISÃO VERTICAL.

VISÃO OBLÍQUA.

VISÃO VERTICAL.

UMA ESCOLA JUSTA E INCLUSIVA PARA TODOS

VOCÊ JÁ PAROU PARA PENSAR QUE IR PARA A FRENTE, PARA TRÁS, PARA A ESQUERDA, PARA A DIREITA, AGACHAR OU PULAR PODEM NÃO SER TAREFAS TÃO SIMPLES QUANTO PARECEM?

CRIANÇAS COM **MOBILIDADE REDUZIDA** PODEM PRECISAR DO AUXÍLIO DO PROFESSOR E, POR VEZES, DE UM COLEGA TAMBÉM.

PERGUNTAR SE ESTÁ TUDO BEM E SE O COLEGA PRECISA DE AJUDA, ABRIR A PORTA, PENSAR EM BRINCADEIRAS DE QUE TODOS POSSAM PARTICIPAR SÃO ATITUDES QUE TORNAM A CONVIVÊNCIA E O AMBIENTE MUITO MELHOR PARA TODOS.

CARLOS SERIBELLI

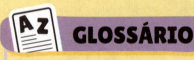

GLOSSÁRIO

MOBILIDADE REDUZIDA: MOBILIDADE ESTÁ RELACIONADA A MOVIMENTO. MOBILIDADE REDUZIDA DIZ RESPEITO ÀS PESSOAS QUE TÊM LIMITAÇÕES PARA SE MOVIMENTAR OU IR DE UM LOCAL A OUTRO.

1. PENSE EM UMA BRINCADEIRA QUE VOCÊ CONHECE E DA QUAL UMA PESSOA COM MOBILIDADE REDUZIDA PODE PARTICIPAR. CONTE PARA O PROFESSOR E OS COLEGAS.

OS LUGARES DO DIA A DIA

DIVERSOS LUGARES FAZEM PARTE DO DIA A DIA DE UMA FAMÍLIA. OBSERVE AS IMAGENS A SEGUIR.

LUGAR PARA ESTUDAR.

LUGAR PARA BRINCAR.

LUGAR PARA TRABALHAR.

LUGAR PARA DESCANSAR E CONVIVER COM A FAMÍLIA.

ILUSTRAÇÕES: JARDIEL AMORIM

COMO VOCÊ VIU, EXISTEM VÁRIOS LUGARES QUE FAZEM PARTE DE SEU DIA A DIA. A **SALA DE AULA** É UM DELES. VOCÊ JÁ REPAROU EM TUDO O QUE HÁ EM UMA SALA DE AULA?

ILUSTRAÇÕES: DANILLO SOUZA

ATIVIDADES

1 OBSERVE A SALA DE AULA E CIRCULE ABAIXO OS OBJETOS QUE ESTÃO NELA.

2 AGORA, EM UMA FOLHA DE PAPEL À PARTE, DESENHE SOMENTE OS OBJETOS QUE SÃO FEITOS DE MADEIRA.

3 OBSERVE ATENTAMENTE A IMAGEM E VEJA QUE ELA ESTÁ DIVIDIDA EM 4 QUADROS. CADA QUADRO É IDENTIFICADO POR UM NÚMERO E POR UMA LETRA. ENCONTRE:

REINALDO ROSA

A) O NÚMERO E A LETRA DO QUADRO EM QUE O RELÓGIO E A LOUSA ESTÃO LOCALIZADOS.

B) O NÚMERO E A LETRA DO QUADRO EM QUE O ESTUDANTE USANDO ÓCULOS ESTÁ LOCALIZADO.

C) O NÚMERO E A LETRA DO QUADRO EM QUE A JANELA DE VIDRO ESTÁ LOCALIZADA.

D) O NÚMERO E A LETRA DO QUADRO EM QUE A PORTA ESTÁ LOCALIZADA.

4 EM QUAIS DOS LUGARES A SEGUIR VOCÊ JÁ ESTEVE? CIRCULE-OS.

SÃO PAULO, SÃO PAULO, 2019.

ATIBAIA, SÃO PAULO, 2019.

SILVEIRAS, SÃO PAULO, 2019.

TRÊS PONTAS, MINAS GERAIS, 2018.

LONDRINA, PARANÁ, 2020.

RIO DE JANEIRO, RIO DE JANEIRO, 2019.

5 COMENTE COM OS COLEGAS O QUE VOCÊ FOI FAZER NESSES LOCAIS, QUEM O ACOMPANHOU E SE VOCÊ GOSTA DE FREQUENTÁ-LOS.

6 MARQUE UM **X** NOS LUGARES PARA LAZER QUE EXISTEM ONDE VOCÊ MORA.

RIO

PARQUE DE DIVERSÕES

PRAIA

PRAÇA

CLUBE

RUA DE LAZER

7 ALÉM DAS BRINCADEIRAS E DO LAZER, QUAIS OUTRAS ATIVIDADES PODEM SER FEITAS EM RUAS, PARQUES, PRAIAS E PRAÇAS?

BRINCANDO NA RUA COMO SE FAZIA ANTIGAMENTE...

VAMOS CONVERSAR COM NOSSOS AVÓS OU COM AS PESSOAS MAIS VELHAS DA FAMÍLIA. FAÇA UMA **ENTREVISTA** COM ELES!

O OBJETIVO É CONHECER AS BRINCADEIRAS DE ANTIGAMENTE E ONDE ERAM FEITAS. PEGUE CADERNO E LÁPIS E FAÇA AS PERGUNTAS ABAIXO ANOTANDO AS RESPOSTAS NO CADERNO.

1. QUAL É SEU NOME?
2. QUAL É SUA IDADE?
3. QUANDO VOCÊ ERA CRIANÇA, QUAL ERA SUA BRINCADEIRA PREFERIDA?
4. ONDE VOCÊ COSTUMAVA BRINCAR?
5. VOCÊ BRINCAVA NA RUA? DO QUE COSTUMAVA BRINCAR?
6. COM QUEM VOCÊ BRINCAVA NA RUA?
7. ERA SEGURO BRINCAR NA RUA QUANDO VOCÊ ERA CRIANÇA?
8. VOCÊ VÊ AS CRIANÇAS FAZENDO ESSA BRINCADEIRA HOJE EM DIA?
9. ELAS BRINCAM IGUAL OU ALGUMA COISA MUDOU?

- COM AS RESPOSTAS ANOTADAS, CONTE AOS COLEGAS O QUE VOCÊ DESCOBRIU E OUÇA COMO FORAM AS ENTREVISTAS FEITAS POR ELES.

AS PAISAGENS

AS PESSOAS E AS PAISAGENS

NOS LUGARES POR ONDE VOCÊ PASSA, É POSSÍVEL RECONHECER DIVERSAS PAISAGENS. MAS O QUE É UMA PAISAGEM?

> **PAISAGEM** É O CONJUNTO DOS ELEMENTOS NATURAIS E SOCIAIS DE DETERMINADO LUGAR E QUE PODEMOS PERCEBER COM OS SENTIDOS, ESPECIALMENTE A VISÃO.

FABIO COLOMBINI

ESSA PAISAGEM É COMPOSTA DE MONTANHAS, UM LAGO, ALGUMAS CONSTRUÇÕES E ÁRVORES. TIRADENTES, MINAS GERAIS, 2019.

RENATA SATTLER COLELLA/SHUTTERSTOCK.COM

ESSA PAISAGEM É COMPOSTA DE MUITOS PRÉDIOS, PRAIA E ALGUMAS ÁRVORES. VILA VELHA, ESPÍRITO SANTO, 2019.

QUAIS SÃO AS PRINCIPAIS DIFERENÇAS ENTRE AS PAISAGENS NAS FOTOGRAFIAS ACIMA?

1 AS PAISAGENS RETRATAM OS MAIS DIVERSOS LOCAIS DO MUNDO E AS DIFERENÇAS NA NATUREZA E NA SOCIEDADE. OBSERVE AS FOTOGRAFIAS ABAIXO, LEIA AS DESCRIÇÕES E RESPONDA ÀS QUESTÕES.

1

JARDIM DA LUZ NA CIDADE DE SÃO PAULO, SÃO PAULO, 2011.

3

PASTOS E MATA ATLÂNTICA NA SERRA, BOTUCATU, SÃO PAULO, 2020.

2

PRAIA DO CAJU, ILHA DE MARAJÓ, PARÁ, 2019.

4

CRIANÇAS JOGANDO FUTEBOL EM ORURO, NO ALTIPLANO DA BOLÍVIA, 2012.

A) EM QUAL DAS PAISAGENS ACIMA O TEMPO ESTÁ NUBLADO? ☐

B) EM QUAL DELAS VOCÊ ACHA QUE É MAIS FRIO OU TEM CHANCE DE NEVAR? ☐

C) EM QUAL DELAS HÁ VENTANIA? ☐

D) EM QUAL DELAS HÁ MAIOR PRESENÇA HUMANA? ☐

2 FAÇA UM **X** NO ITEM ABAIXO QUE IDENTIFICA O TEMPO NESTE EXATO MOMENTO ONDE VOCÊ ESTÁ.

☐ ENSOLARADO   ☐ QUENTE   ☐ SECO

☐ NUBLADO   ☐ FRIO   ☐ CHUVOSO

3 CIRCULE DE **AZUL** OS OBJETOS ABAIXO USADOS EM DIAS DE CHUVA E, DE **VERMELHO**, OS USADOS EM DIAS ENSOLARADOS.

ILUSTRAÇÕES: MARCELO AZALIM

4 QUAIS ELEMENTOS VOCÊ VÊ NA PAISAGEM DA TELA ABAIXO? COMENTE COM OS COLEGAS.

MUSEU DE ARTE MODERNA, NOVA IORQUE, ESTADOS UNIDOS

■ VOCÊ ACHA QUE O PINTOR QUIS REPRESENTAR UMA PAISAGEM DURANTE O DIA OU À NOITE? POR QUÊ?

VINCENT VAN GOGH. 1889. ÓLEO SOBRE TELA, 73,7 X 92,1 CM.

PAISAGEM DO CAMPO E PAISAGEM DA CIDADE

OBSERVE ESTA PAISAGEM DO **CAMPO**. HÁ ÁRVORES, PLANTAÇÕES, PASTAGEM, ESTRADAS DE TERRA E ALGUMAS CASAS.

PAISAGEM DO CAMPO. SANTA MARIANA, PARANÁ, 2020.

NAS PAISAGENS DA **CIDADE**, A MAIORIA DOS ELEMENTOS OBSERVADOS SÃO PRÉDIOS E AVENIDAS. HÁ MENOS ÁRVORES E AS PLANTAÇÕES SÃO RARAS.

PAISAGEM DA CIDADE. CAXIAS DO SUL, RIO GRANDE DO SUL, 2019.

ATIVIDADES

1 CIRCULE DE **VERMELHO** OS ELEMENTOS DAS PAISAGENS QUE SÃO DA CIDADE E DE **VERDE** OS QUE SÃO DAS ÁREAS RURAIS, DO CAMPO (UMA MESMA PALAVRA PODE SER CIRCULADA COM AS DUAS CORES). OBSERVE AS FOTOGRAFIAS DA PÁGINA ANTERIOR PARA IDENTIFICAR OS ELEMENTOS DA PAISAGEM.

PRÉDIOS   PLANTAÇÕES   ESTRADAS DE TERRA
AVENIDAS   CASAS   ÁRVORES

2 OBSERVE AS PAISAGENS E LIGUE-AS CORRETAMENTE ÀS DEFINIÇÕES.

■ PAISAGEM DO CAMPO

■ PAISAGEM DA CIDADE

3 DESENHE O QUE SE PEDE A SEGUIR EM FOLHAS DE PAPEL AVULSAS. UTILIZE NOS DESENHOS OS ELEMENTOS APRESENTADOS NA **ATIVIDADE 1**.

■ PAISAGEM DA CIDADE   ■ PAISAGEM DO CAMPO

PAISAGEM: NATUREZA E SOCIEDADE

AS PESSOAS MODIFICAM A PAISAGEM DO LUGAR ONDE VIVEM. OBSERVE AS IMAGENS A SEGUIR. ELAS REPRESENTAM O MESMO LUGAR EM ÉPOCAS DIFERENTES.

REPRESENTAÇÃO DA PRAÇA XV DE NOVEMBRO, NA CIDADE DO RIO DE JANEIRO, EM 1620.

REPRESENTAÇÃO DA PRAÇA XV DE NOVEMBRO, NA CIDADE DO RIO DE JANEIRO, EM 1910.

FOTOGRAFIA DA PRAÇA XV DE NOVEMBRO, NA CIDADE DO RIO DE JANEIRO, EM 2016,

EM GERAL, AS ALTERAÇÕES FEITAS NA PAISAGEM TÊM COMO OBJETIVO ATENDER ÀS NECESSIDADES DAS PESSOAS. POR EXEMPLO, A CONSTRUÇÃO DE **ESTRADAS** PARA FACILITAR O TRANSPORTE E DE **CASAS** E **EDIFÍCIOS** PARA MORADIA.

SAIBA MAIS

O CRESCIMENTO DAS PLANTAS E A COLHEITA DE ALIMENTOS DEPENDEM DA VARIAÇÃO DO TEMPO AO LONGO DO ANO.

POR EXEMPLO, O **CAQUI** É UMA FRUTA QUE SE DESENVOLVE EM LOCAIS MAIS FRIOS. EM ALGUMAS REGIÕES DO BRASIL, AS TEMPERATURAS MAIS BAIXAS VÃO DE ABRIL A MAIO, PERÍODO EM QUE HÁ MAIS COMERCIALIZAÇÃO DESSA FRUTA. COM O **MORANGO** TAMBÉM É ASSIM.

JÁ COM A **MEXERICA**, TAMBÉM CONHECIDA COMO TANGERINA, AS MAIORES PRODUÇÃO E COLHEITA OCORREM NO PERÍODO MAIS SECO, ENTRE JUNHO E SETEMBRO, EM ALGUMAS PARTES DO BRASIL. AS FRUTAS TROPICAIS, COMO A **BANANA NANICA**, SÃO PRODUZIDAS PRATICAMENTE O ANO TODO EM NOSSO PAÍS.

TRANSPORTE DE CAQUIS. JALES, SÃO PAULO, 2016.

COLHEITA DO MORANGO EM BRAZLÂNDIA, DISTRITO FEDERAL, 2019.

PLANTAÇÃO DE TANGERINA. BELO VELO, MINAS GERAIS, 2016.

 **ATIVIDADES**

1 OBSERVE AS FOTOGRAFIAS A SEGUIR E FAÇA O QUE SE PEDE.

CASA NOVA, BAHIA, 2019.

SÃO PAULO, SÃO PAULO, 2019.

A) O QUE VOCÊ VÊ NAS FOTOGRAFIAS? ANOTE ABAIXO OS PRINCIPAIS ELEMENTOS.

_____

B) CONVERSE COM OS COLEGAS: COMO AS PAISAGENS RETRATADAS NAS FOTOGRAFIAS FORAM MODIFICADAS PELOS SERES HUMANOS?

_____

_____

_____

 **PESQUISANDO**

1 PESQUISE EM REVISTAS E JORNAIS IMAGENS DE PAISAGENS QUE FORAM MODIFICADAS PELAS PESSOAS. COLE-AS EM UMA FOLHA DE PAPEL À PARTE E MOSTRE AOS COLEGAS SUA COLAGEM. LEMBRE-SE DE ANOTAR O NOME DO LOCAL QUE ESTÁ RETRATADO, SE ESSA INFORMAÇÃO ESTIVER DISPONÍVEL. CONTE AOS COLEGAS DE ONDE VOCÊ RETIROU A IMAGEM.

LEIA O POEMA SOBRE A PREGUIÇA, ANIMAL QUE VIVE NA FLORESTA AMAZÔNICA.

PREGUIÇA

EU FUI À AMAZÔNIA
E DEI UMA RISADA,
POIS VI A PREGUIÇA
CRUZANDO A ESTRADA.
[...]
PENSEI SE A ESTRADA
CRUZOU A FLORESTA,
PARA A PREGUIÇA
FINDOU-SE A FESTA.
SE A ESTRADA ACABA
COM A SUA MORADA,
PRA ONDE QUE VAI
A POBRE COITADA?
E ENTÃO ME DISSERAM
QUE AMA EMBAÚBA,
MAS COMO ELA FAZ
SE O HOMEM A DERRUBA?

CÉSAR OBEID. *CORES DA AMAZÔNIA – FRUTOS E BICHOS DA FLORESTA.* SÃO PAULO: EDITORA DO BRASIL, 2015. P. 28.

1 VAMOS CRIAR UM FINAL PARA A HISTÓRIA? DIVIDAM-SE EM GRUPOS PARA ELABORAR O QUE ACONTECEU COM A PREGUIÇA DEPOIS QUE ELA ATRAVESSOU A ESTRADA.

OS POVOS INDÍGENAS E A NATUREZA

CADA GRUPO DE PESSOAS TRANSFORMA A PAISAGEM DE UM JEITO DIFERENTE. NO BRASIL HÁ MAIS DE 300 POVOS INDÍGENAS, QUE SE RELACIONAM COM A NATUREZA DE DIFERENTES MODOS.

ESSA INTERAÇÃO COM A NATUREZA ESTÁ TAMBÉM NA FORMA COMO OS INDÍGENAS MARCAM O TEMPO. PARA MUITOS POVOS, OS PERÍODOS DO ANO ESTÃO RELACIONADOS À AGRICULTURA E A FENÔMENOS NATURAIS, COMO A CHUVA E O FRIO. O CALENDÁRIO ABAIXO ILUSTRA ESSA RELAÇÃO E MOSTRA COMO OS POVOS DO PARQUE INDÍGENA DO XINGU ASSOCIAM A PASSAGEM DO TEMPO À NATUREZA E ÀS ATIVIDADES AGRÍCOLAS.

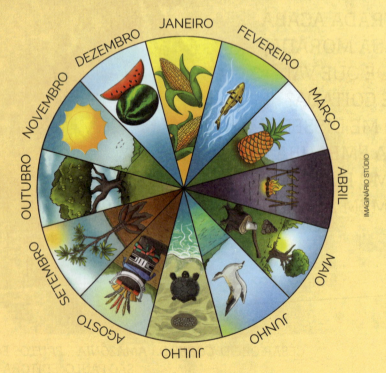

1 QUAIS ELEMENTOS DO CALENDÁRIO INDÍGENA VOCÊ CONSEGUE IDENTIFICAR? EM QUE MESES ELES OCORREM?

OS MEIOS DE TRANSPORTE

INDO DE UM LUGAR PARA OUTRO

PARA IR DE UM LUGAR PARA OUTRO, GERALMENTE AS PESSOAS UTILIZAM ALGUM MEIO DE TRANSPORTE.

VOCÊ PODE IR DE BICICLETA À CASA DE UM AMIGO QUE MORA PERTO DE SUA CASA. SEU PAI E SUA MÃE PODEM IR DE CARRO OU DE ÔNIBUS AO TRABALHO. JÁ A SELEÇÃO BRASILEIRA PRECISA DE UM AVIÃO PARA IR JOGAR UMA PARTIDA DE VOLEIBOL EM OUTRO PAÍS.

ILUSTRAÇÕES: RONALDO BARATA

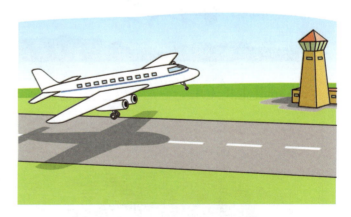

OS MEIOS DE TRANSPORTE TAMBÉM SÃO USADOS PARA TRANSPORTAR MERCADORIAS, COMO ALIMENTOS, ROUPAS E PRODUTOS ELETRÔNICOS.

ATIVIDADES

1 COMPLETE AS FRASES A SEGUIR COM AS PALAVRAS DO QUADRO.

> AVIÃO   MEIOS DE TRANSPORTE
> PESSOAS   BICICLETA

A) OS _____ SÃO USADOS PARA TRANSPORTAR

_____ E MERCADORIAS DE UM LUGAR PARA

OUTRO.

B) PARA IRMOS DE CASA ATÉ UM LOCAL PRÓXIMO, PODEMOS

USAR A _____. PARA IRMOS A OUTRO PAÍS,

UTILIZAMOS O _____.

2 OBSERVE AS FOTOGRAFIAS A SEGUIR. DEPOIS, DESCUBRA AS
SÍLABAS QUE FALTAM PARA COMPLETAR O NOME DE CADA
UM DOS MEIOS DE TRANSPORTE.

RICHAT/SHUTTERSTOCK.COM

TARCISIO SCHNAIDER/SHUTTERSTOCK.COM

A) HELICÓP_____ _____

C) _____ _____ NHÃO

BYVALET/SHUTTERSTOCK.COM

BETO BARATA/FOTOARENA

B) _____ VIO

D) _____ CICLE _____

3 PARA IR DE UM LUGAR A OUTRO É NECESSÁRIO TER BOAS INDICAÇÕES DE TRAJETO E LOCALIZAÇÃO.

A) NA FIGURA ABAIXO, SAINDO DA FARMÁCIA, DÊ INSTRUÇÕES PARA SE CHEGAR ATÉ OS SEGUINTES DESTINOS:

- BANCO
- CASA AMARELA
- PRAÇA

B) CIRCULE OS MEIOS DE TRANSPORTE QUE APARECEM NA ILUSTRAÇÃO E ESCREVA OS NOMES NAS LACUNAS.

C) LIGUE OS MEIOS DE TRANSPORTE ÀS PESSOAS TRANSPORTADAS.

TRANSPORTE PÚBLICO E TRANSPORTE PRIVADO

OS MEIOS DE TRANSPORTE PODEM SER **PÚBLICOS** OU **PRIVADOS**.

O TRANSPORTE PÚBLICO DEVE SER OFERECIDO A TODA POPULAÇÃO. GERALMENTE, O TRANSPORTE PÚBLICO É COLETIVO E TEM CAPACIDADE PARA TRANSPORTAR MUITAS PESSOAS AO MESMO TEMPO, POR EXEMPLO, O ÔNIBUS, O TREM E A BALSA. PARA UTILIZAR ESSES MEIOS, É PRECISO PAGAR UMA TARIFA OU PASSAGEM.

GLOSSÁRIO

PRIVADO: QUE É DE PROPRIEDADE DE UMA PESSOA OU INSTITUIÇÃO.

PÚBLICO: QUE PERTENCE A TODOS, COMUM.

JOÃO PRUDENTE/PULSAR IMAGENS

ÔNIBUS É UM EXEMPLO DE TRANSPORTE PÚBLICO. NATAL, RIO GRANDE DO NORTE, 2019.

ROBERT NAPIORKOWSKI/SHUTTERSTOCK.COM

OUTRO EXEMPLO É O TREM DE PASSAGEIROS. SÃO PAULO, SÃO PAULO, 2018.

O **TRANSPORTE PRIVADO** É UTILIZADO POR SEUS PROPRIETÁRIOS. TODOS OS VEÍCULOS PODEM SER MEIOS DE TRANSPORTE PRIVADOS, DESDE MOTOCICLETAS ATÉ CARROS, ÔNIBUS E AVIÕES.

CARROS E MOTOS SÃO MEIOS DE TRANSPORTE PRIVADOS. SERRA TALHADA, PERNAMBUCO, 2017.

ATIVIDADES

1 OBSERVE OS PERSONAGENS E LIGUE-OS AOS TRANSPORTES CORRESPONDENTES.

HOJE VAMOS COM NOSSO VEÍCULO AO CLUBE!

VAMOS TODOS DE TRANSPORTE PÚBLICO AO PARQUE!

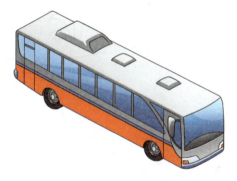

2 PINTE OS MEIOS DE TRANSPORTE E ESCREVA O NOME DOS VEÍCULOS ABAIXO.

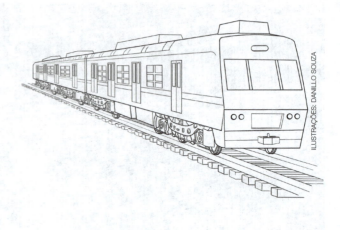

ILUSTRAÇÕES: DANILLO SOUZA

_____

_____

_____

_____

- CIRCULE DE **AZUL** OS MEIOS DE TRANSPORTE PRIVADOS E DE **VERDE** OS MEIOS DE TRANSPORTE PÚBLICOS.

- QUAIS DOS MEIOS DE TRANSPORTE REPRESENTADOS NAS IMAGENS DA ATIVIDADE VOCÊ JÁ UTILIZOU?

_____

EM MUITOS LUGARES, EXISTEM MEIOS DE TRANSPORTE QUE TIVERAM UMA ORIGEM COMUM E SE DESENVOLVERAM DE FORMAS DIFERENTES.

NA CHINA E EM OUTROS PAÍSES É MUITO COMUM O **RIQUIXÁ**: UM VEÍCULO DE PASSAGEIROS MOVIDO POR FORÇA HUMANA, ISTO É, PUXADO POR UMA PESSOA.

LUO DAI, CHINA.

NO VIETNÃ, O RIQUIXÁ FOI MISTURADO COM UMA BICICLETA, E O RESULTADO FOI O **CYCLO**: UM VEÍCULO DE PEDALAR QUE TRANSPORTA, ALÉM DO MOTORISTA, DOIS PASSAGEIROS.

HOI AN, VIETNÃ.

O USO DESSES VEÍCULOS É MUITO FREQUENTE EM GRANDES CIDADES DOS PAÍSES DA ÁSIA. UMA VERSÃO MOTORIZADA FOI CRIADA E RECEBEU O NOME DE **TUK TUK**, MUITO COMUM NO SRI LANKA.

ELLA, SRI LANKA.

ALÉM DE SEREM USADOS PELA POPULAÇÃO LOCAL, TODOS ESSES MEIOS DE TRANSPORTE SÃO MUITO UTILIZADOS POR TURISTAS.

TODOS SE COMUNICAM

PARA TROCAR INFORMAÇÕES, CONVERSAR E SE DIVERTIR, AS PESSOAS UTILIZAM DIVERSOS MEIOS DE COMUNICAÇÃO. OBSERVE A SEGUIR ALGUNS MEIOS DE COMUNICAÇÃO E ALGUMAS DE SUAS CARACTERÍSTICAS.

POR MEIO DO TELEFONE, É POSSÍVEL CONVERSAR EM TEMPO REAL COM PESSOAS DO MUNDO INTEIRO.

A TELEVISÃO TRANSMITE, POR MEIO DE IMAGEM E DE SOM, NOTICIÁRIOS E INFORMAÇÕES.

O RÁDIO TRANSMITE MÚSICAS, NOTÍCIAS, EVENTOS ESPORTIVOS ETC.

TELEGRAMAS E CARTAS SÃO FORMAS ESCRITAS DE COMUNICAÇÃO.

POR MEIO DE APLICATIVOS EM CELULARES E *SMARTPHONES*, É POSSÍVEL CONVERSAR E MANDAR MENSAGENS PARA UMA OU VÁRIAS PESSOAS AO MESMO TEMPO EM QUALQUER LUGAR DO MUNDO. *E-MAILS* E SMS TAMBÉM SÃO FORMAS ESCRITAS DE COMUNICAÇÃO.

POR MEIO DE UM COMPUTADOR COM ACESSO À INTERNET, É POSSÍVEL SE COMUNICAR COM PESSOAS DE QUALQUER PARTE DO MUNDO E TAMBÉM OUVIR MÚSICA, FAZER PESQUISAS, OBTER INFORMAÇÕES ETC. GERALMENTE, O ACESSO À INTERNET É REALIZADO PELO COMPUTADOR. NO ENTANTO, É POSSÍVEL ACESSÁ--LA PELO CELULAR, PELA TELEVISÃO, PELO *TABLET* ETC.

1 EXISTEM DIVERSOS MEIOS DE COMUNICAÇÃO. COMPLETE O DIAGRAMA DE PALAVRAS IDENTIFICANDO A SEGUIR OS OBJETOS QUE REPRESENTAM ALGUNS DELES.

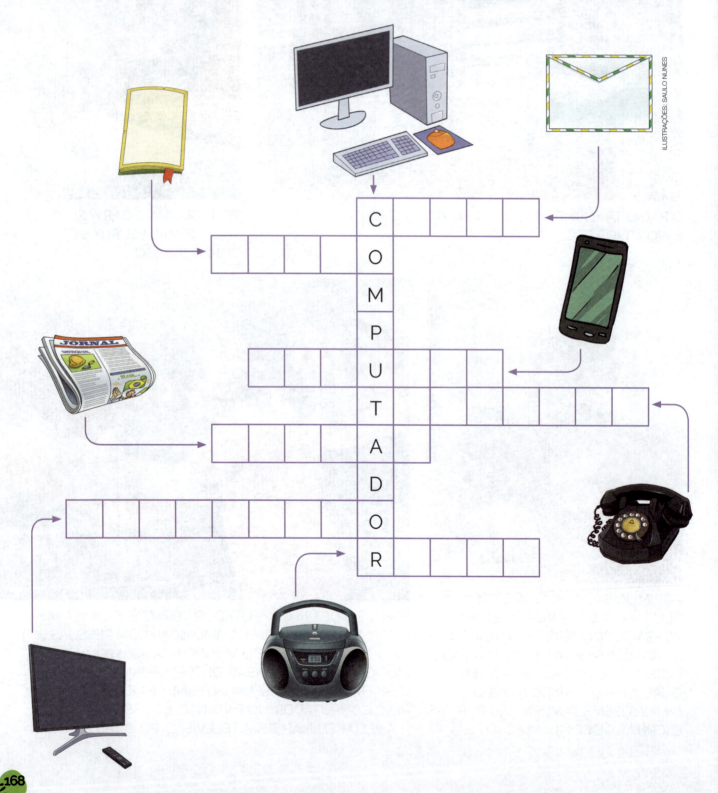

ILUSTRAÇÕES: SAULO NUNES

2 RESPONDA ÀS QUESTÕES A SEGUIR.

A) QUAL FOI O LIVRO QUE VOCÊ MAIS GOSTOU DE LER?

_____

B) QUAL É SEU PROGRAMA DE TELEVISÃO PREFERIDO?

_____

3 QUAIS MEIOS DE COMUNICAÇÃO HÁ EM SUA CASA? MARQUE-
-OS COM UM **X**.

☐ RÁDIO.   ☐ TELEVISÃO.

☐ JORNAL.   ☐ CARTAS.

☐ TELEFONE.   ☐ COMPUTADOR.

☐ CELULAR.   ☐ LIVROS.

OUTROS. QUAIS?

_____

4 DESENHE ABAIXO O MEIO DE COMUNICAÇÃO MAIS UTILIZADO POR SUA FAMÍLIA NO DIA A DIA.

1 ADIVINHE QUAL É O MEIO DE COMUNICAÇÃO EM CADA CHARADA E LIGUE-O À IMAGEM CORRESPONDENTE.

O QUE É, O QUE É?

É SURDO E MUDO, MAS SEMPRE CONTA UMA HISTÓRIA?

FALA E CANTA SEM PARAR, MAS NUNCA MOSTRA A CARA?

VAI COM VOCÊ PARA TODO LUGAR E É BOM PARA CONVERSAR?

NÃO TEM PERNA MAS VAI E VEM, NÃO TEM LÍNGUA MAS FALA BEM?

TEM TECLADO, MAS NÃO É PIANO, TEM TELA E NÃO É TELEVISÃO?

ILUSTRAÇÕES: GUTTO PAIXÃO

2 ENCONTRE OS MEIOS DE COMUNICAÇÃO NA IMAGEM A SEGUIR. ANOTE SUA RESPOSTA ABAIXO DA ILUSTRAÇÃO.

DANILLO SOUZA

_____

3 COMPLETE AS FRASES COM OS MEIOS DE COMUNICAÇÃO CORRESPONDENTES.

> TELEFONE   LIVRO   COMPUTADOR/SMARTPHONE

A) QUANDO A VOVÓ E O VOVÔ QUEREM SABER COMO ESTOU, ELES ME LIGAM E EU FALO COM ELES PELO _____.

B) QUANDO FAÇO UMA PERGUNTA MUITO DIFÍCIL AO MEU PAI, ELE PESQUISA A RESPOSTA NA INTERNET USANDO O

_____.

C) ANTES DE DORMIR, MINHA MÃE E EU LEMOS UMA HISTORINHA BEM DIVERTIDA EM UM _____.

A INFORMAÇÃO COMUNITÁRIA E OS MEIOS DE COMUNICAÇÃO

EM UMA **RÁDIO COMUNITÁRIA**, PODEMOS OUVIR MÚSICAS DE ARTISTAS LOCAIS, JOGOS DOS ESPORTISTAS LOCAIS E NOTÍCIAS DO BAIRRO E DA COMUNIDADE.

COM O AVANÇO DA INTERNET E DAS REDES SOCIAIS, CADA VEZ MAIS PESSOAS E GRUPOS CONSEGUEM SE ORGANIZAR PARA TRANSMITIR UMA PROGRAMAÇÃO COLABORATIVA, COM NOTÍCIAS, ESPORTES, RECEITAS, MÚSICAS ETC.

RÁDIO COMUNITÁRIA NA RESEX, COMUNIDADE DA CABECEIRA DO AMORIM DO RIO TAPAJÓS. SANTARÉM, PARÁ, 2017.

LUCIANA WHITAKER/PULSAR IMAGENS

OS MEIOS DE COMUNICAÇÃO COMUNITÁRIOS, ALÉM DE NOS INFORMAR, POSSIBILITAM A REFLEXÃO SOBRE O MODO DE MELHORAR A VIDA EM COMUNIDADE!

1 QUE TAL ELABORARMOS UM INFORMATIVO SOBRE O QUE APRENDEMOS NA ESCOLA ESTE ANO? COM A AJUDA DO PROFESSOR E DOS COLEGAS, LEMBRE-SE DOS ASSUNTOS QUE MAIS GOSTOU DE ESTUDAR E FAÇA UMA LISTA. ILUSTRE O TRABALHO E, DEPOIS DE PRONTO, EXPONHA O INFORMATIVO PARA TODA A COMUNIDADE ESCOLAR.

BRINQUE MAIS

1 CHEGOU O FIM DO ANO. A FAMÍLIA OLIVEIRA ADORA SE REUNIR PARA FESTEJAR E CELEBRAR! VAMOS CONHECER MELHOR ESSA FAMÍLIA? LEIA AS INFORMAÇÕES E COMPLETE A IMAGEM COM OS NOMES CORRETOS.

- JORGE E MARISA TÊM 2 FILHOS. O MENINO SE CHAMA RODRIGO E A FILHA É A PATRÍCIA.

- RODRIGO CASOU-SE COM JÚLIA. ELES TÊM DUAS FILHAS: SÍLVIA E RAFAELA.

- A IRMÃ DE RODRIGO É CASADA COM JOÃO. ELES ADOTARAM UM MENINO: RICARDO.

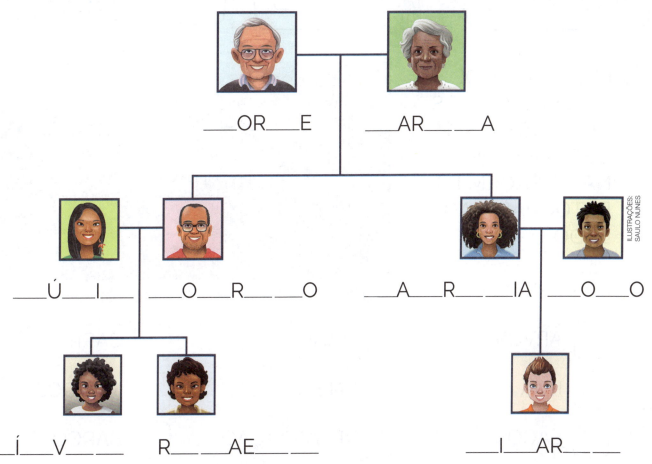

__OR__E   __AR___A

__Ú_I__   __O_R___O   __A_R__IA   __O__O

__Í__V___   R___AE___   __I__AR____

ILUSTRAÇÕES: SAULO NUNES

2 TRACE O CAMINHO DE CADA CRIANÇA ATÉ SUA MORADIA.

MORO EM UMA CASA TÉRREA.

MORO EM UMA CASA REDONDA E DE MADEIRA NO MEIO DA FLORESTA. ESSA CASA É BEM GRANDE E NELA VIVEM MUITAS FAMÍLIAS.

MORO EM UM PRÉDIO DE APARTAMENTOS.

ILUSTRAÇÕES: REINALDO ROSA

3 MARQUE UM **X** NOS ELEMENTOS QUE PODEM SER OBSERVADOS NA PAISAGEM DA FOTOGRAFIA AO LADO.

DELFIM MARTINS/PULSAR IMAGENS

SÃO ROQUE DE MINAS, MINAS GERAIS, 2017.

☐ PRÉDIO

☐ ÁRVORE

☐ RUA

☐ LAGO

☐ MAR

☐ NEVE

☐ PLANTAÇÃO

☐ CARRO

☐ MORROS

☐ BARCO

4 DE ACORDO COM AS INSTRUÇÕES, DESCUBRA O CAMINHO DO GAROTO ATÉ O CLUBE. É MUITO DIVERTIDO!

1. PINTE DE **VERMELHO** O QUADRADO QUE ESTÁ AO LADO DO GAROTO.
2. PINTE DE **AMARELO** O QUADRADO QUE ESTÁ EM CIMA DO QUADRADO VERMELHO.
3. PINTE DE **AZUL** O QUADRADO QUE ESTÁ DO LADO DIREITO DO QUADRADO AMARELO.
4. PINTE DE **VERDE** O QUADRADO QUE ESTÁ EM CIMA DO QUADRADO AZUL.
PRONTO, VOCÊ CHEGOU AO CLUBE!

5 OBSERVE A IMAGEM.

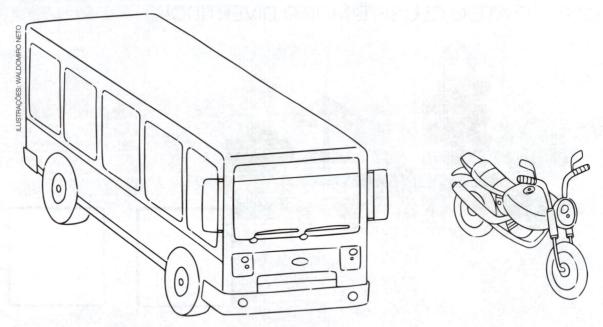

ILUSTRAÇÕES: WALDOMIRO NETO

A) PINTE O MEIO DE TRANSPORTE PÚBLICO DE **AZUL** E O PRIVADO DE **VERMELHO**.

B) NA IMAGEM, OS MEIOS DE TRANSPORTE SÃO VISTOS:

☐ DE CIMA (VISÃO VERTICAL).

☐ DE CIMA E DE LADO (VISÃO OBLÍQUA).

C) PINTE OS DESENHOS ABAIXO E ASSINALE O QUE REPRESENTA, CORRETAMENTE, OS MEIOS DE TRANSPORTE DO **ITEM A** VISTOS DE CIMA.

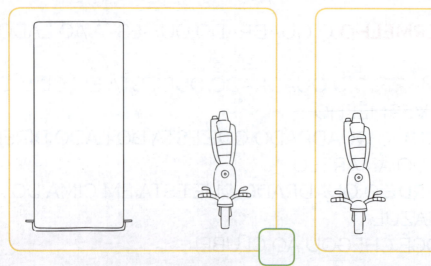

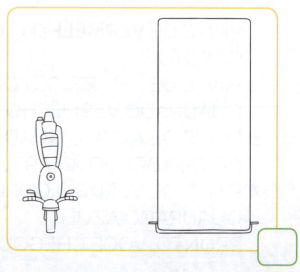